Ralf Bierod

Rudolf Bockelmann: Die Karriere des Wagner-Interpreten und die NS-Musik-Politik

Aus Briefen des Helden-Baritons

Ralf Bierod

RUDOLF BOCKELMANN: DIE KARRIERE DES WAGNER-INTERPRETEN UND DIE NS-MUSIK-POLITIK

Aus Briefen des Helden-Baritons

ibidem
Verlag

Bibliografische Information der Deutschen Nationalbibliothek
Die Deutsche Nationalbibliothek verzeichnet diese Publikation in der Deutschen Nationalbibliografie; detaillierte bibliografische Daten sind im Internet über http://dnb.d-nb.de abrufbar.

Bibliographic information published by the Deutsche Nationalbibliothek
Die Deutsche Nationalbibliothek lists this publication in the Deutsche Nationalbibliografie; detailed bibliographic data are available in the Internet at http://dnb.d-nb.de.

ISBN-13: 978-3-8382-1453-5

Printed in the EU

Inhaltsverzeichnis

Einleitung – eine Karriere in Briefen

„Nur ein Pech hatte ich, dass meine künstlerische Hochform in die Zeit des unseligen Dritten Reiches fiel. Eine Hamburger Zeitung wollte mich zum 2. 4. interviewen[1], aber ich habe das abgelehnt, da ein ‚Nekrolog', der mit dem Jahre 32 schließt, ja nun mal bei mir nicht stimmt. Dass ich mit acht bis zehn anderen allerersten Künstlern zu gewissen feierlichen Veranstaltungen des Nazireiches hinzugezogen würde, war erstens gar nicht zu vermeiden, tut mir zweitens heute aber auch persönlich gar nicht leid. Ich habe zum Beispiel mit Mr. Eden[2] oder Mussolini[3] Shake-hands gemacht. Furtwängler musste vor eine unzulängliche Spruchkammer und kriegt heute einen Orden. Über meine Enttäuschungen, Sorgen und Nöte nach 1945 könnte ich viel erzählen. Vielleicht schrieb ich Ihnen oder erzählte Ihnen damals in Hannover von meinen mehr als siebenjährigen Bemühungen, eine meines Könnens und Namens entsprechende Tätigkeit an einer Musikhochschule zu finden. Aber alle erstklassigen Beziehungen zu den prominentesten Fachleuten des Musik- und Bühnenlebens, die mich ja alle kennen, waren erfolglos. Speziell Hamburg, die Stadt, in der ich mehr als zehn Jahre hindurch gesungen habe, hat mich völlig aufs tote Gleis geschoben, Proteste seitens der Presse und des Publikums. Und unter dieser ungerechten Behandlung haben meine Frau und ich gelitten!"[4]

Diese Zeilen schrieb der 1892 im niedersächsischen Bodenteich[5] geborene und in Burgdorf[6] an der Aue bei Hannover aufgewachsene Bariton Rudolf Bockelmann 1957 an seinen früheren musikalischen Weggefährten Walter Ohk, Direktor des Werkes Hannover-Wülfel der Burgdorfer Konservenfabrik.[7] Einst hatten sie in wilhelmini-

---

1 Anlässlich Bockelmanns 60. Geburtstags.

2 Anthony Eden (1897-1977), britischer Außenminister der Konservativen in den Jahren 1935-1938, von 1940-1945 und von 1951-1955.

3 Staatsempfang für Italiens Diktator Benito Mussolini am 28. September 1937 mit mehreren protokollarischen Höhepunkten in Berlin, darunter auch ein Bankett auf Hermann Görings Landsitz „Carinhall" in der Brandenburger Schorfheide.

4 Brief an Walter Ohk vom 24. April 1952. Hier stark gekürzt und im Auszug auf die wesentlichen politischen Aussagen hin zitiert.

5 Bodenteich, Gemeinde im Landkreis Uelzen.

6 Burgdorf an der Aue, Kreisstadt bis 1973, heute Region Hannover.

7 Die 1892 von Ludwig Warnecke gegründete Burgdorfer Konservenfabrik galt in der Zeit zwischen den Weltkriegen als größter Burgdorfer Industriebetrieb. Sie produzierte, seit dem Jahr 1920 auch mit dem Zweigwerk in Hannover-Wülfel, Spargel-, Erbsen-, Bohnen-, Karotten- und Pilzkonserven, die in das eu-

scher Zeit, Jahre vor dem Ersten Weltkrieg, als „Burgdorfer Harmoniker" zusammen musiziert. Der damals schon 30 Jahre alte Ohk spielte Klavier, der erst 15jährige Gymnasiast Bockelmann sang dazu Lieder wie „Tom der Reimer"[8] und „Ach, laß doch das Grübeln sein!"[9]. Walter Ohk war am 30. Juni 1876 in Magdeburg geboren worden. 30 Jahre über hatten sich Bockelmann und Ohk geschrieben, und Bockelmann hatte über den Fortgang seiner Karriere berichtet, mit der es seit den frühen 20er Jahren immer nur aufwärts gegangen war. Er galt als einer der begabtesten und international bekanntesten Wagner-Interpreten seiner Generation.

Nach dem Krieg fühlte sich Rudolf Bockelmann von den Spitzen der Musikwelt ungerecht behandelt und gesellschaftlich ausgegrenzt. Die von ihm in Hamburg angestrebte Professur an der Musikhochschule blieb ihm verwehrt, eine Festanstellung als Hochschullehrer in Westdeutschland insgesamt versagt, ebenso ein Vertrag als Intendant. Auch der persönliche Kontakt zur Spitze der Wiener Akademie half ihm nicht.[10]

Er sah seine Popularität während der NS-Zeit als ursächlich an, blickte aber auch vergleichend auf Dirigenten und Intendanten wie Wilhelm Furtwängler und Heinz Tietjen, die ihre Karrieren hat-

---

ropäische Ausland exportiert wurden. Das Werk in Wülfel firmierte noch 1918 als Konservenfabrik Rehse und verarbeitete vorwiegend Obst zur Marmeladenherstellung. Ein betriebseigenes, landwirtschaftliches Gut in Burgdorf lieferte Gemüse von 1500 Morgen, allein auf 750 Morgen Spargel. Noch um 1960 war die Fabrik größter Spargelanbaubetrieb der Bundesrepublik. Zwischen 600 bis 700 landwirtschaftliche Betriebe aus anderen norddeutschen Anbaugebieten bauten weiteres Gemüse für die Burgdorfer Produktion an. Es gab vier fern voneinander gelegene, unabhängige Anbaugebiete, um witterungsbedingte Ausfälle ausgleichen zu können. In Saisonzeiten waren bis zu 800 Arbeitskräfte für die Konservenfabrik beschäftigt. Frischer Stangenspargel wurde per Bahnexpress auch an deutsche Überseereedereien für die Passagierlinien der Nordatlantikroute geliefert. Kurt Kayser (Hg): „Der Landkreis Burgdorf." In: *Die deutschen Landkreise. Die Landkreise in Niedersachsen.* Band 19. Der Landkreis Burgdorf, Regierungsbezirk Lüneburg. Kreisbeschreibung nebst Kreisraumordnungsplan und Statistischem Anhang. Bremen 1961. Seite 207.

8 „Tom der Reimer", Ballade von Carl Loewe.

9 „Ach, laß doch das Grübeln sein!" Walzer von Hermann Schultze-Buch. Entstehungsjahr unbekannt. Veröffentlicht auf Schallplatte durch Deutsche Grammophon, Berlin 1928. Interpret Tenor Max Reichert.

10 Nationalarchiv der Richard-Wagner-Stiftung Bayreuth. Nachlass Rudolf Bockelmann.

ten fortsetzen können. Bei dieser Bewertung erinnerte er sich wohl nicht mehr an seine Rundfunkrede von 1934, in der er direkt von den Bayreuther Festspielen für die Wahl Adolf Hitlers und für die Vereinigung der Ämter des Reichspräsidenten und des Reichskanzlers zugunsten Hitlers warb. Gerade als Bariton an den Opernhäusern von Hamburg und Berlin hatte er im Zentrum der kulturpolitischen Veränderungen gestanden, die sich schon lange vor dem Jahr 1933 und der Wahl Adolf Hitlers zum Reichskanzler abgezeichnet hatten. Schließlich bot die DDR Rudolf Bockelmann eine Professur in Dresden an, die er in seinen letzten beiden Lebensjahren ausübte.

In Rudolf Bockelmanns Kariere spiegelt sich die deutsche Geschichte des 20. Jahrhunderts gleich auf mehrfache Weise. Seine Karriere in der Spitzenkultur folgte in den Jahren von 1921 bis 1958 nicht nur den politischen Veränderungen, sondern auch dem sozialen Wandel, den Brüchen, denen sich karriereorientierte Männer ausgesetzt sahen, vom klassenbewussten Ständestaat der Bildungsbürger hin zum freien Markt der Talente.

Ein Vierteljahrhundert lang hatte Bockelmann mit Festanstellung im Olymp der Opernwelt seinen Ruhm international gefestigt. Er galt als der beste Bariton für die Heldenrollen Richard Wagners und über 30 Jahre hinweg als Idealbesetzung für den Wotan im „Ring des Nibelungen“ sowie für den Hans Sachs in den „Meistersingern von Nürnberg“. Wo Kollegen noch übertrieben sonor intonierten oder die Worte im Rezitativ artikulierten, sang Bockelmann jede Silbe aus und gab eine vielfach als sensibel und feingeistig empfundene Interpretation. Damit hob sich Bockelmann weit ab vom überkommenen Gesangsstil des 19. Jahrhunderts und er selbst sah sich als ein Wegbereiter, der weit mehr als seine Vorgänger Wagners ursprüngliche Vorstellung vom Wesen dieser Partien erfasst habe. Bockelmanns Interpretationen wurden auch als künstlerische Erneuerung der Musik Richard Wagners empfunden, und Komponisten der damaligen Gegenwart hofften in den 20er Jahren, Bockelmann für ihre Uraufführungen zu gewinnen, weil er seine Partien nicht nur sang, sondern ihnen stets Leben und Aura, den Figuren Seele und Charakter allein durch die Stimme zu geben schien, den Gesang mit der Musik in Harmonie einte.

Sein Repertoire umfasste mehr als 100 Partien. Von 1921 bis 1926 hatte er einen Vertrag am Opernhaus von Leipzig, von 1926 bis 1932 am Opernhaus (Stadttheater) Hamburg und von 1932 bis 1944 war er Mitglied der Berliner Staatsoper Unter den Linden. Von 1928 bis 1942 trat er bei den Bayreuther Festspielen auf, von 1929 bis 1930 sowie von 1934 bis 1938 gastierte er zur jährlichen „Deutschen Saison" an der Londoner Covent Garden Opera. 1930 und 1931 war er mit dem Hamburger Ensemble an der Oper in Chicago, gastierte in Paris, Mailand, Amsterdam, Rom, Brüssel, Wien und München.[11] Er brillierte aber auch während der Weimarer Jahre in modernen neuen Opern von Erich Wolfgang Korngold und Ernst Krenek.

Gerade die Rolle des Hans Sachs schien ihm zu einer zweiten Haut, zum Alter Ego geworden zu sein. Mit seiner Expertise in dieser Rolle suchte er sich später als Hochschullehrer zu empfehlen. Überliefert sind mehrere unveröffentlichte Manuskripte, in denen er seine Herangehensweise als Sänger am Beispiel dieser Partie in ein Konzept für die Lehre überführt.

---

11 K.J. Kutsch, Leo Riemens: *Großes Sängerlexikon*. Erster Band A-L. Berlin/ Stuttgart 1987. Seite 293.

Rudolf Bockelmann in der Literatur und sein Nachlass

Die bislang einzige Biographie über Bockelmann erschien 1963 im Verlag eines früheren Schulkameraden, dem vier Jahre jüngeren Celler Zeitungsverleger Ernst Pfingsten, verfasst von dem Journalisten Berndt W. Wessling (1935-2000). Berndt W. Wessling gab an, Rudolf Bockelmann bereits 1952 in Hamburg als junger Journalist persönlich interviewt zu haben, als dieser seine erste Regiearbeit mit „Tristan und Isolde" ausführte. Später erhielt Wessling Bockelmanns schriftliche Aufzeichnungen durch dessen Witwe Maria.[12] Schriftstücke, für die er keine Verwendung hatte, wie Bockelmanns umfängliche Feldpostbriefe aus dem Ersten Weltkrieg an die Eltern und Fotografien aus der Studentenzeit in Leipzig, überließ Wessling schon früh dem Richard-Wagner-Archiv in Bayreuth. Der andere Teil gelangte erst 1999, kurz vor Wesslings Tod, in das Staatsarchiv Hamburg, dem er seinen gesamten eigenen schriftlichen Nachlass übergab. In Hamburg befinden sich die Papiere, die Wessling für seine Biographie 1963 herangezogen haben mag. Jedoch finden sich für viele wörtliche Zitate und auch Behauptungen in Wesslings Biographie keine Belege in Bockelmanns Aufzeichnungen, gerade auch kein Beweis für die Behauptung, Bockelmann habe während der NS-Zeit exilierten Künstlerkollegen im Ausland Hilfe durch Geldzahlungen zukommen lassen. Gleiches gilt für Andeutungen, die Wessling 1985 in seiner Biographie über Wilhelm Furtwängler aufstellte: Der Nachlass Rudolf Bockelmanns enthalte so brisantes Material, dass dieses unter Verschluss gehalten werden müsse. Dies kann nach Durchsicht des Materials nicht bestätigt werden.[13] Es fehlen auch eindeutige Quellenbelege in Wesslings Buch. Zitate Bockelmanns im Wortlaut, in denen dieser sich distanzierend zur NS-Politik äußert oder seinen Unmut artikuliert, vor Partei-Funktionären auf arrangierten Veranstaltungen singen zu

---

12 Bestätigt im persönlichen Gespräch des Verfassers mit Rudolf Bockelmanns Tochter Eva-Maria Krohn im Jahr 2008 in Hamburg.

13 Berndt W. Wessling: *Furtwängler. Eine kritische Biographie.* Stuttgart 1985.

müssen, verknüpfte Wessling ebenfalls nicht mit eindeutigem Verweis. Seine Bockelmann-Biographie von 1963 war Wesslings erste Buchpublikation, die weit mehr einem journalistisch gestalteten Porträt als einer wissenschaftlichen Arbeit entsprach. Gleichwohl galt Wesslings Bockelmann-Biographie lange Zeit auch Sänger-Lexika als zitierbare Grundlage.[14] Wessling, der ein erstaunlich produktiver Biographien-Schreiber war, wurde in Zusammenhang mit seinen Lebensbeschreibungen über Gustav Mahler, Carl von Ossietsky und Kurt Tucholsky von Wissenschaftlern mehrfach der gezielten Irreführung überführt.[15] Wörtliche Zitate der genannten Personen konnten nicht verifiziert werden und wurden als blanke Erfindung Wesslings enttarnt.[16] Umso notwendiger erscheint es, sich den in Bayreuth und Hamburg überlieferten schriftlichen Nachlass noch einmal auf Bockelmanns Karrierestationen hin anzusehen.

Das von Wessling an das Hamburger Staatsarchiv übergebene Schrift- und Bildmaterial wirkt heute unvollständig. Rückseitige Anmerkungen und Erklärungen auf Fotografien durch Wesslings Hand weisen darauf hin, dass er das Material Zeitungen zur Veröffentlichung zur Verfügung gestellt und zurückgefordert hatte, eventuell auch Dokumente an Redaktionen gegeben haben mag, die nicht zurückkamen. Auch manche von Bockelmann mit Maschine verfassten Textzusammenhänge lassen Anschlussseiten vermissen, die offenkundig einmal vorhanden gewesen waren.

Die beiden schriftlichen Nachlässe in den Archiven von Hamburg und Bayreuth sind nicht sehr umfangreich und beinhalten überwiegend Korrespondenz und tagebuchähnliche Aufzeichnungen ab dem Jahr 1945. Denn Bockelmann hatte den Hausrat seiner Wohnung am Berliner Lietzensee 1943 bei einem Luftangriff verloren. Unmittelbar nach dem Krieg lebte Bockelmann mit seiner Familie auf dem Lande bei Göttingen auf dem Anwesen eines Kame-

---

14 Berndt W. Wessling: *„Verachtet mir die Meister nicht". Ein Buch der Erinnerung an Rudolf Bockelmann.* Celle 1963.

15 Tante Julchen und der ‚Stürmer'. In: „Der Spiegel", Ausgabe 38 vom 18. September 1989. Seite 220-230.

16 Rudolf Ringguth: *Dirigenten. Odem des Allerhöchsten.* In: „Der Spiegel", Ausgabe Nr. 12 vom 17. März 1986. Seite 249-254.

raden aus der Zeit des Ersten Weltkriegs. Dort verfasste er mit Maschine geschriebene autobiographische und unveröffentlichte Lebenserinnerungen, die er für eine Autobiographie vorgesehen haben mochte.

Umso aussagekräftiger erscheint deshalb die Serie von Briefen und Postkarten, die Rudolf Bockelmann über 30 Jahre an Walter Ohk, den Direktor des Werkes Hannover-Wülfel der Burgdorfer Konservenfabrik, schrieb. Denn in diesen Briefen gibt Bockelmann stets etwas über sein Seelenleben, seine Verfasstheit preis, schildert seine Erfolge, aber auch sein Unbehagen über Zukunfts- und Existenzängste. Die Briefe, die Walter Ohk über 30 Jahre an Bockelmann schrieb, sind in keinem der beiden Nachlässe überliefert. Aus den Antworten Bockelmanns wissen wir aber, dass Ohk Bockelmann jedes Jahr zum Geburtstag gratulierte und jeweils per Bahnexpress die Lieferung frisch gestochenen Burgdorfer Spargels anbot, für dessen Qualität die Konservenfabrik besonders bekannt war. Ohks Bruder Richard war Opernsänger und Bariton gewesen. Die Bekanntschaft mit ihm dürfte nicht unwesentlichen Einfluss auf den jungen Bockelmann gehabt haben.

Obwohl Bockelmann und Walter Ohk zusammen musiziert hatten, siezten sie sich zeitlebens. Bockelmann schrieb in den Briefen an Ohk über den Fortgang seiner Karriere stets auch in einer rechtfertigenden Haltung, als Opernsänger einen dem Beruf des Philologen ebenbürtigen gesellschaftlichen Rang erworben zu haben. Bockelmann war seinem Vater zuliebe zunächst Gymnasiallehrer in Leipzig geworden, hatte aber seinen Traum von der Sängerkarriere nicht aufgeben wollen und auf die sichere Beamtenstellung schließlich verzichtet. Aufgewachsen als einziges Kind eines Lehrers sah sich Rudolf Bockelmann mit der Erwartungshaltung des Vaters konfrontiert, einen bildungsbürgerlichen gesellschaftlichen Rang zu erlangen. Das Verlangen nach Anerkennung vom Vater ebenso wie von akademischen und großbürgerlichen Kreisen konnte Bockelmann zeitlebens nicht mehr ablegen, zumal er als ausgeprägter Familienmensch nach existentieller Absicherung strebte und ihm die Festanstellung gerade nach der eigenen Familiengründung immer wichtig blieb. Schon vergleichsweise früh –

noch Ende der 20er Jahre – fasste er eine Professur an einer Musikhochschule als Karriereziel ins Auge.

Diese Haltung spiegelt sich auch in Bockelmanns Schriftverkehr der Nachkriegszeit, der in den Nachlässen in Hamburg und Bayreuth enthalten ist. Zahlreiche Bekannte schätzten Bockelmann als Künstler und Freund ebenso wie sie seiner Ehefrau Maria und seiner Familie Wertschätzung und Sympathie entgegenbrachten und dies in Briefen ausdrückten.

In der jüngeren zeitgeschichtlichen Literatur wird Rudolf Bockelmann bisweilen hämisch und pauschal als Nutznießer und Profiteur der NS-Kulturpolitik bezeichnet, ohne Belege, schriftliche Quellen, Hintergründe oder biographische Zusammenhänge zu erwähnen oder Bezüge zu den veränderten Rahmenbedingungen innerhalb des NS-Musikbetriebs herzustellen.[17] Kolportiert wird zumeist zeitgenössischer Tratsch. Allein Fred K. Prieberg zitierte in seinem bekannten „Handbuch Deutscher Musiker“ eine Anzahl schriftlicher Quellen, die Bockelmanns Teilnahme an Anlässen mit der Spitze der NS-Politik belegen, wobei er jeweils als vortragender Sänger geladen war.[18] Bockelmann war bereits in den Weimarer Jahren zu einem gefragten Künstler aufgestiegen.

Im Richard-Wagner-Archiv in Bayreuth ist eine Serie von Fotografien aus seiner Leipziger Studentenzeit ebenso erhalten wie aus der Militärzeit. Ein Leben in der etablierten Welt als Beamter schien für Rudolf Bockelmann geradezu vorbestimmt. Das studentische Leben war damals formell und uniform. Öffentliche Feiern und Paraden hatten etwas Militärisches, Teilnehmer unterschieden sich vom Habitus kaum von Offizieren bei der sonntäglichen Parade in Ausgehuniform. Der Übergang vom Burschenschaftler zum Soldaten war fließend, Regularien und Rituale ähnelten einander. Umso bemerkenswerter ist deshalb seine Entscheidung, mit diesem akademisch, militärisch geprägten Werdegang nach dem Ersten Weltkrieg zu brechen und sich endgültig der Kunst zuzuwenden.

---

17 Zum Beispiel bei Saul Friedländer, Jörn Rüsen: *Richard Wagner im Dritten Reich.* München 2000. Seite 155.

18 Fred K. Prieberg: *Handbuch Deutscher Musiker 1933-1945.* Digitale Ausgabe. Kiel 2004. Seite 564-565.

Dass er im Laufe seines Lebens sein Talent sogar in zwei Diktaturen verwirklichte, mag auch seinem Drang nach Anerkennung und dem Wunsch nach einer Karriere außerhalb des Beamtentums geschuldet sein.

Rudolf Bockelmann war als Einzelkind erkennbar bemüht, allen Erwartungshaltungen seiner Eltern und wohl insbesondere seines Vaters auch als 35-Jähriger noch gerecht zu werden. Der einzige Sohn wollte und sollte offenbar in allen Bereichen ein leistungsorientiertes Leben führen und gesellschaftliche Konformen erfüllen – bemessen an Abitur, Hochschulabschluss, Offiziers-Rang, Beamtenstatus. Überliefert ist ein sehr umfänglicher Bestand an detailliert ausformulierten Feldpostbriefen, die Rudolf Bockelmann während des Ersten Weltkriegs als Offizier wöchentlich an seine Eltern schrieb. Sie sind in einem optimistischen und auch humorvollen Ton gehalten, der den Eltern wohl die Sorgen nehmen sollte.[19] Sie dienten Bockelmann aber wohl ebenso dazu, sich die eigenen Kümmernisse von der Seele zu schreiben. Durch das Schreiben von Briefen trat Bockelmann Existenzängsten entgegen, sprach sich selbst Mut und Zuversicht zu, ein Muster, das er während seiner gesamten Karriere beibehielt. Dabei erkannte er auch im Unglück noch Witz, und dies ist vielleicht das Rezept, das ihm half, später auch in existentieller Not immer dem Sängerleben treu zu bleiben und nicht auf die Idee zu kommen, wieder Gymnasiallehrer zu werden. Eine neue Verantwortung lastete auf Bockelmann nach Heirat und Familiengründung und er versuchte nun Ende der 20er Jahre Karriere, Familie und existentielle Sicherheit in Einklang zu bringen.

Aufzeichnungen Bockelmanns über die Begegnung mit Dirigenten und Intendanten, unter denen er während der 20er und frühen 30er Jahre gearbeitet hatte, beziehen sich ausnahmslos auf ihre Herangehensweise und ihre Technik, bisweilen auf humorvolle Art

---

19 Nationalarchiv der Richard-Wagner-Stiftung Bayreuth, Nachlass Rudolf Bockelmann. Weil sich der Inhalt der Briefe direkt an seine Eltern richtet, diese nicht für die Öffentlichkeit bestimmt waren und keinen Bezug zu seiner späteren Karriere als Sänger herstellen, soll aus diesen hier nicht zitiert werden. Sie können Grundlage sein für eine spätere Publikation.

auch auf individuelle Angewohnheiten.[20] Sie lassen erahnen, dass ein freundschaftlicher Verkehr auf Augenhöhe zwischen Sängern und künstlerischen und musikalischen Leitern an den Opernhäusern von Leipzig, Hamburg und Berlin kaum bestand. Vielmehr herrschte ein professionell distanziertes, hierarchisches Verhältnis vor, in dem die Sänger Kritik unwidersprochen zu ertragen und Anweisungen zu befolgen hatten. Die künstlerische Freiheit bezog sich auf den individuellen Bühnenvortrag und endete nach diesem. Bisweilen, so notierte es Bockelmann, fand außerhalb der Proben überhaupt keine Kommunikation statt. Nachrichten an den jeweiligen Künstler wurden allein schriftlich überbracht. Mitunter wurde von einem gastierenden Spitzensänger auch erwartet, dass er eine Partie ohne vorherige Probe bewältigte. In dem vorhandenen Material aus Bockelmanns Feder finden sich keinerlei Einlassungen und Beobachtungen zu den politischen Veränderungen und auch keine Bemerkungen hinsichtlich der Diskriminierung seiner Berufskollegen. Wesentlich befasst sich Bockelmann allein mit seiner Karriere und seiner persönlichen Zukunftsperspektive. Hinsichtlich der Jahre der NS-Zeit zieht er darin mehrfach das kritische Fazit, dass sich die Bayreuther Festspiele nicht seinen Erwartungen gemäß entwickelten. Handlungsbedarf sah er in der Erschließung neuer kulturinteressierter und gebildeter Publikumskreise sowie auch in der Heranbildung talentierten Nachwuchses im Sängerfach.

In den Briefen und Postkarten an Walter Ohk berichtete er zunächst über Jahre hinweg stolz von seinen fortlaufenden Erfolgen. Umso mehr erstaunt die Ehrlichkeit, mit der er nach dem Krieg über seine enttäuschten Hoffnungen und existentiellen Sorgen sprechen konnte. Die Mitwirkung bei diplomatischen Anlässen und Empfängen des NS-Staates verteidigte er jedoch als unvermeidbare Begleiterscheinung der Karriere. So war er nach seinen eigenen Aufzeichnungen auch am 10. April 1935 Gast der Hoch-

---

20 Maschinell geschriebene autobiographische Aufzeichnungen Rudolf Bockelmanns, die er vermutlich aus der Erinnerung in den Jahren 1945/46 zu Papier gebracht hatte. Staatsarchiv Hamburg. Nachlass Rudolf Bockelmann im Nachlass Berndt W. Wessling. 622-1/223 Nr. 12.

zeitsfeier von Hermann Göring mit der Schauspielerin Emmy Sonnemann.[21]

International vernetzt, war er als weltläufiger Bildungsbürger direkter Zeuge des zunehmenden Antisemitismus in der professionellen Opernwelt gewesen, der seit den frühen 20er Jahren mehr und mehr vom aufkommenden Nationalsozialismus instrumentalisiert und zugespitzt wurde und unmittelbar seine Berufskollegen traf. Neu war die anwachsende Diffamierung und Diskriminierung jüdischer Musiker und Künstler an den Staatstheatern nach dem Ersten Weltkrieg nicht, entsprang einer damals schon 100 Jahre andauernden Debatte über spezifisch deutsche Merkmale des Nationaltheaters, das sich vor fremden Einflüssen schützen müsse, um eine eigenständige Entwicklung nehmen zu können. Männer, denen Rudolf Bockelmann seinen raschen Aufstieg verdankte, hatten ihre Stellung bereits verloren und Deutschland verlassen müssen, und dennoch entschied er sich offenbar leichten Herzens, Wahlpropaganda für Adolf Hitler zu machen. In der reichsweit zu empfangenen Rundfunksendung am 17. August 1934 sprach Rudolf Bockelmann zur Volksabstimmung am 19. August 1934 über das Staatsoberhaupt des Deutschen Reichs direkt aus Bayreuth während der Festspiele.

Der damalige Reichskanzler Adolf Hitler ließ sich damit im Nachhinein von der deutschen Bevölkerung die Zusammenlegung der Ämter des Reichskanzlers und des Reichspräsidenten auf seine Person als Führer und Reichskanzler bestätigen. Es war ein wesentlicher Schritt im Umbau der vormaligen Republik zur Diktatur, nur etwas mehr als zwei Wochen nachdem der amtierende Reichspräsident Paul von Hindenburg verstorben war. Wie vorgesehen, erbrachte die Abstimmung eine deutliche Zustimmung für Adolf Hitler. Zwei Tage zuvor hatte Helden-Bariton Rudolf Bockelmann die deutschen Wähler zu einem „unbedingten Ja" aufgerufen. Es war wohl diese Radio-Sendung gewesen, wegen der Rudolf Bockelmann später das Etikett des überzeugten Nationalsozialisten nicht mehr abschütteln konnte.

---

21 Staatsarchiv Hamburg. 622-1/223 Nr. 12.

ist schwer in Worte zu fassen. Wir haben Adolf Hitler im wahrsten Sinne des Wortes erlebt. Diesem genialen, gottbegnadeten Menschen von Mann zu Mann in die Augen zu sehen, seinen Worten lauschen zu können, ist ein Erlebnis, das wir nie vergessen werden. Seine einfache, aber so herzliche wie liebenswürdige Art, der ganze Zauber seiner einzigartigen Persönlichkeit, strahlt auf uns aus und reißt uns zu uneingeschränkter Begeisterung und Bewunderung hin. Wir wissen es und fühlen es, jeder einzelne von uns, dieser Mann ist auch unser Führer, ist der Beschützer und Förderer auch unserer Arbeit, die der deutschen Kunst geweiht ist. Und darum kann es für uns deutsche Künstler wie für alle anderen Berufe und Stände deutschen Lebens am 19. August nur eine Antwort geben auf die Frage, die unser Führer und Kanzler uns stellt. Ein freudiges und unbedingtes vertrauensvolles Ja."[23]

---

23 Quelle: www. rias1.de. Das Radio-Archiv. Im Wortlaut aufgezeichnet.

„Jetzt fester Vertrag" notierte Rudolf Bockelmann danach für den 1. September 1934 in seinen tagebuchähnlichen Aufzeichnungen, die er mit Maschine verfasste.[24] Für volle acht Jahre war er nun an der Berliner Staatsoper Unter den Linden engagiert. Für Hamburg ergab sich gleichzeitig ein Gastspielvertrag über 15 Abende. Am 19. Dezember 1934 sang er zum ersten Male bei einem Empfang in der Reichskanzlei zu Ehren von Harold Sidney Harmsworth, 1. Viscount Rothermere (1868-1940), Eigentümer des britischen Zeitungs-Imperiums, zu dem auch die „Daily Mail" und der „Daily Mirror" zählten. Harmsworth war ein Unterstützer der Appeasement-Politik gegenüber Adolf Hitler. Rudolf Bockelmann notierte später, dass bei diesem Besuch auch der Journalist George Ward Price (1886-1961) anwesend gewesen sei, der Bockelmann und dessen Auftritt an diesem Abend in seinem Buch „I Know These Dictators" von 1937 erwähnt hatte.[25]

24 Staatsarchiv Hamburg. Nachlass Rudolf Bockelmann. 622-1/223 Nr. 12.

25 Nationalarchiv der Richard-Wagner-Stiftung Bayreuth, Nachlass Rudolf Bockelmann.

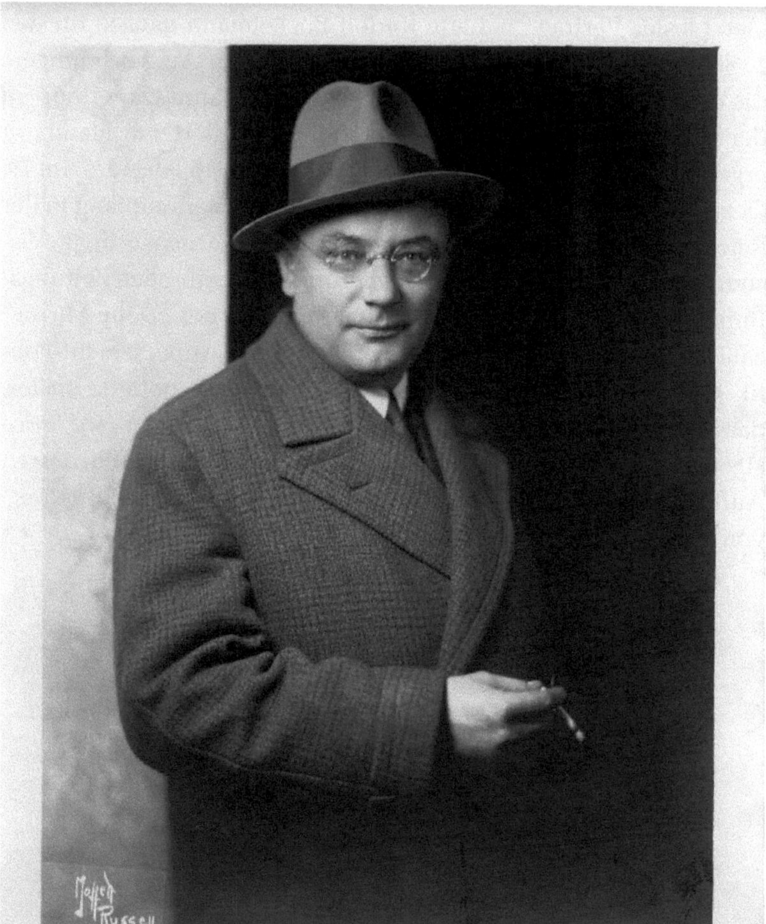

Rudolf Bockelmann im November 1931 in Chicago, als Mitglied des Hamburger Opern-Ensembles auf Gastspielreise. Nationalarchiv der Richard-Wagner-Stiftung, Bayreuth.

Von Leipzig nach Hamburg und Bayreuth

Heldenbariton im Widerstreit zwischen Ruhm und Lehre

Rudolf August Louis Bockelmann wurde am 2. April 1892 in Bodenteich bei Uelzen geboren. Sein Vater war Lehrer. Als Rudolf etwa drei Jahre war, zog die Familie nach Burgdorf an der Aue bei Hannover um. Dort sang er als Schüler im Kirchenchor von St. Pankratius und er liebte laut späterer Aufzeichnungen die Musik bei öffentlichen Feiern und Volksfesten auf den Straßen Burgdorfs. Burgdorf war damals eine kleine, ländlich geprägte Kreisstadt in der preußischen Provinz Hannover, die 20 Kilometer nordöstlich von Hannover gelegen jedoch gerade einmal 6.500 Bewohner zählte und eine Bahnstation auf der Strecke von Hildesheim nach Celle war. Zu Hause begeisterte Bockelmann sich für die Stimme Carusos, die von einem Phonographen wiedergegeben wurde. Später besuchte er das Gymnasium im nahen Celle, sang dort im Oratorien-Chor und auch Wagner-Partien bei Schulveranstaltungen. Nach dem Abitur in Celle im Jahr 1912 strebte er auf Wunsch des Vaters das Studium der Altphilologie an der Universität von Leipzig an und setzte auch dort seine Leidenschaft für die Musik und den Gesang fort. 1919 hatte er sein Studium nach dem Militärdienst im Ersten Weltkrieg in Leipzig mit Staatsexamen beendet. Er trat seine erste Stellung als Referendar an einem Leipziger Gymnasium an, ließ aber nicht ab von seinem Traum einer Zukunft als Sänger. Vom 19. April 1920 datiert eine Einladung des Dirigenten Otto Lohse, der ihn für den 22. April um 12 Uhr mittags zur Probe an das Städtische Theater Leipzig bittet.[26] Von 1920 bis 1923 ließ er sich in Leipzig bei Oskar Laßner und Walter Soomer zum Opernsänger ausbilden und erwies sich als Naturbegabung, die scheinbar mühelos in einer kontinuierlichen und rasanten Karriere immer neuen Erfolgen entgegenstrebte. Schon 1921 unterzeichnete er einen Dreijahresvertrag als lyrischer Bariton an der Leipziger Oper.

---

26 Staatsarchiv Hamburg. Nachlass Rudolf Bockelmann. 622-1/223 Nr. 12.

Bis 1926 absolvierte er 606 Aufführungen in 64 Rollen, darunter in 16 Uraufführungen. Am 13. März 1924 sang er erstmals im Leipziger Rundfunk, der erst vier Wochen zuvor in Betrieb gegangen war. Eine Stunde über gab er Arien von Lortzing, Balladen und Arien von Carl Loewe und Richard Wagner. Er bekam Hunderte Briefe an Fanpost und wiederholte die Konzert-Sendung in den kommenden zwei Jahren nahezu vierzigmal.

> „Sehr bedauert habe ich stets, dass ich meinem Entdecker Arthur Nikisch in meinem Sängerberuf nicht mehr begegnet bin, denn er starb zu früh. Mein erster Opernchef war Otto Lohse. Sein Nachfolger war Gustav Brecher. Die Rollen, die ich bei ihm einstudierte, zum Beispiel den schwierigen Amfortas im ‚Parsifal', beherrsche ich noch heute. Am Pult des Abends wirkte er befremdend durch seine Zeichengebung, die auf seiner Auffassung von musikalischer Phrasierung beruhte, und zwar auf dem Prinzip des schweren Auftaktes, das die meisten Sänger nicht begriffen."[27]

Im Juli 1926 wechselte Bockelmann an die Oper in Hamburg. Das Stadttheater war nach aufwendigem Umbau und technischer Modernisierung wiedereröffnet und der Intendant Leopold Sachse sowie der Dirigent Egon Pollak hatten Rudolf Bockelmann für die Rolle des Hans Sachs in Wagners „Die Meistersinger von Nürnberg" zur Wiedereröffnung am 26. September 1926 bestimmt. Schon 1928 hatte Bockelmann das erste Gastspiel an der Berliner Staatsoper in der Rolle des Wotan aus der „Walküre" und führte dabei ein ausführliches Gespräch mit dem Dirigenten Wilhelm Furtwängler, der daraufhin eine Schallplattenaufnahme arrangierte.

Nachdem Rudolf Bockelmann 1932 an die Berliner Staatsoper gewechselt war, war es wiederum die Rolle des Hans Sachs für die Neuinszenierung „Der Meistersinger" unter dem Intendanten Heinz Tietjen, die hier den Einstieg gab.

Gelobt wurde Bockelmanns Fähigkeit, auch eher für den Sprechgesang angelegte Passagen auszusingen, was ihn hörbar von seinen Kollegen Josef von Manowarda, Jaro Prohaska und Wilhelm Rode unterschied und von Wieland Wagner als göttlich empfundener Schöngesang beschrieben wurde. Verglichen wurde Bockel-

27 Staatsarchiv Hamburg. Nachlass Rudolf Bockelmann. 622-1/223 Nr. 12.

mann mit Friedrich Schorr (1888-1953), der vielen als talentiertester Bariton der Epoche galt und noch vor Bockelmann als Erneuer unter den Wagner-Interpreten angesehen wurde.[28] In den 30er Jahren sang Rudolf Bockelmann auch in zahlreichen Prestige-Inszenierungen der Berliner Oper Unter den Linden in Werken anderer Komponisten. Von 1928 stammt die erste Schallplattenaufnahme mit dem Part des Kurwenal aus „Tristan und Isolde" bei Columbia, der weitere auch für Telefunken, Electrola und His Masters Voice (HMV) folgten. Als Kurwenal sang Bockelmann 1928 auch erstmals an fünf Abenden bei den Bayreuther Festspielen sowie einen Abend als Gunther in der „Götterdämmerung". Der Rundfunk übertrug erstmals 1931 live aus dem Bayreuther Festspielhaus: „Tristan und Isolde" unter dem Dirigenten Wilhelm Furtwängler (1886-1954). Angeschlossen waren 200 Sender in Europa, Amerika und Afrika. Über die Arbeit mit Furtwängler notierte Bockelmann in seinem unveröffentlichten Manuskript: „Er war so besessen von seiner Aufgabe, dass ihm etwas fehlte, der Humor, die für den Sänger manchmal so notwendige Heiterkeit."[29]

Der gesamte „Ring des Nibelungen" wurde erstmals vollständig vom Rundfunk mit Rudolf Bockelmann als Wotan 1936 übertragen. 1937 sang er zur Uraufführung die Titelrolle in Paul August Klenaus Oper „Rembrandt van Rijn", in die die NS-Kulturpolitik hohe Erwartungen setzte. Noch immer wartete man auf ein Werk, das kompositorisch und inhaltlich als wegweisend im Sinne der neuen Ideologie hätte angesehen werden können und auch vom Publikum angenommen wurde. „Rembrandt van Rijn" wurde im Vorfeld aufwendig beworben. Künstlerisch brachten die späteren Jahre kaum neue Herausforderungen, wohl aber ein eng getaktetes Auftrittsprogramm in zahlreichen älteren Opernwerken, Liederabenden, Gastspielreisen und Truppenunterhaltung, wofür es nicht immer ein zusätzliches Honorar gab. 1935 und 1942 erkrankte Rudolf Bockelmann und legte jeweils einen halbjährlichen Kuraufenthalt ein. Im Spätsommer 1944 erfolgte die Berufung zum Pro-

---

28 Jens Malte Fischer: *Große Stimmen. Von Enrico Caruso bis Jessye Norman.* Stuttgart 1993. Seite 241f.

29 Staatsarchiv Hamburg. Nachlass Rudolf Bockelmann. 622-1/223 Nr. 12.

fessor am Mozarteum, der Musikhochschule in Salzburg. Doch noch vor seinem Dienstantritt wurde diese wegen der Kriegslage geschlossen.

Von 1946 bis 1954 lebte Rudolf Bockelmann als Gesangslehrer in Hamburg, gab Schulungen beim NDR und galt bei häufigen Gastspielen zum Beispiel auch an der Oper von Hannover als nach wie vor bester Interpret für die Rolle des Hans Sachs. Jedoch erhielt er in Westdeutschland keine Festanstellung mehr. In Hamburg wurde ihm 1952 seine einzige eigene Regiearbeit für die Inszenierung von Wagners „Tristan und Isolde" übertragen. 1955 wurde er Professor an der Musikhochschule Dresden in der DDR. Nach dem Arbeiteraufstand vom 17. Juni 1953 versuchte der sozialistische Staat, sein Image bei der eigenen Bevölkerung aufzubessern, und schmückte sich auch für propagandistische Zwecke mit der Anwerbung und Übersiedlung westdeutscher Bürger.

Rudolf Bockelmann war bis zum Lebensende verheiratet mit der Sängerin Maria Weigand und Vater von zwei Töchtern. Er starb in Dresden am 9. Oktober 1958. Eines seiner letzten Konzerte hatte er noch im Vorjahr in der Celler Stadthalle, der „Union", gegeben.

Widersprochen werden muss ausdrücklich einigen musikhistorischen Darstellungen, die behaupten, Rudolf Bockelmann sei erst unter dem Nationalsozialismus zu Erfolg und Ruhm gelangt, nachdem sein jüdischer Kollege, der Bariton Friedrich Schorr (1888-1953), emigriert war. Seinen Aufstieg zum Star-Bariton der Bayreuther Festspiele und der Berliner Staatsoper Unter den Linden hatte Rudolf Bockelmann bereits 1928 allein mit Kraft und Talent seiner Stimme bewältigt. Er blieb auch nicht der einzige Bariton an der Staatsoper Unter den Linden für die Helden-Rollen Wagners. In die Fachliteratur hielt in den letzten beiden Jahrzehnten unter Heranziehung von ungesicherten Anekdoten die pauschale Diffamierung Rudolf Bockelmanns als „begeisterten Nazi" Einzug, ohne quellengestützte Belege für diese Schlussfolgerung zu nennen.[30]

---

30 Jens Malte Fischer: „Wagner-Interpretation im Dritten Reich. Musik und Szene zwischen Politisierung und Kunstanspruch." In: *Richard Wagner im Dritten Reich.* Herausgegeben von Saul Friedländer und Jörn Rüssen. München 2000. Seite 157f.

Nicht einmal die Rundfunkrede von 1934, die diese Überzeugung durchaus stützt, wird erwähnt. Es lässt sich auch festhalten, dass Bockelmann direkt nach dieser Bayreuther Rundfunkrede seinen festen Vertrag an der Berliner Staatsoper Unter den Linden erhalten hatte.[31]

Rudolf Bockelmanns Briefe an den Burgdorfer Betriebs-Direktor Walter Ohk, der das Werk Wülfel des Unternehmens in Hannover führte, zeichnen das Bild eines soliden Bildungsbürgers, Familienmenschen, Ehemanns und Vaters, der von der Kunst und seinem Talent überzeugt war, der aber auch litt, wenn das Wohlergehen seiner Angehörigen beeinträchtigt war. Eine gesicherte Festanstellung war ihm ebenso wichtig wie ein geordnetes Familienleben. In diesen Briefen spricht Bockelmann sich auch Mut und Zuversicht für seinen weiteren Karriereweg zu. Denn bald über 40 Jahre alt, stellte sich die Frage nach einer Anschlussverwendung als Intendant oder Hochschullehrer, falls die Stimme nicht mehr tragen sollte.

Schon in den Jahren von 1928 bis 1930 war Rudolf Bockelmann in Hamburg als Lehrer für privaten Gesangsunterricht registriert, und man kann annehmen, dass er diesen überhaupt nur deshalb anbot, um sich bei gegebenen Anlass für eine Professur zu empfehlen und Kontakte zur Hochschule herstellen zu können. Denn künstlerisch wie privat war jene Zeit für Rudolf Bockelmann eine ungetrübte und glückliche Lebensphase. Gerade die Hamburger Jahre bescherten ihm eine Vielseitigkeit im Repertoire mit modernen Werken, die ihm später an der Berliner Staatsoper so nicht mehr geboten wurde. Die Zulassung für den privaten Lehrbetrieb war von der Hamburger Oberschulbehörde erteilt worden.[32]

Als Bockelmann schließlich fester Vertragssänger der Berliner Staatsoper Unter den Linden wurde, stand er bereits im 43. Lebensjahr, und es war nach damaligen Maßstäben nicht zu erwarten, dass

---

31 Staatsarchiv Hamburg. Nachlass Rudolf Bockelmann. Aus Bockelmanns persönlichen schriftlichen Aufzeichnungen. 622-1/223 Nr. 12.

32 Staatsarchiv Hamburg. 361-2 VI Nr. 2851 Band 3. Private Unterrichtsbetriebe: Rudolf Bockelmann, Privat-Gesangunterricht 1928-1930, 1949.

der Stimme eines Opernstars in diesem Alter noch lange tägliche Bestleistung abverlangt werden konnte.

Bockelmanns Briefe an Walter Ohk zeichnen eine Künstlerkarriere vor dem Hintergrund der deutschen Kulturgeschichte des 20. Jahrhunderts nach. Sie offenbaren die Diskrepanz zwischen öffentlicher Außenwirkung und Selbstzweifeln, der inneren Selbstwahrnehmung. Selbst in den Zeiten seines künstlerischen Triumphes sorgte er sich um die Zukunft, da er Familienvater war. Sein Leben gleicht einem inneren Kampf im Widerstreit um den Wunsch nach künstlerischer Freiheit gegenüber dem ebenso starken Bedürfnis nach bürgerlicher und sozialer Absicherung und Anerkennung. So gesehen ist Rudolf Bockelmanns Biographie das Beispiel eines modernen, karrierebewussten Individualisten, der Familie, Beruf und Selbstverwirklichung in Einklang zu bringen suchte.

Zu Rudolf Bockelmanns Geburtstag am 2. April übersandte Walter Ohk immer wieder seine Glückwünsche. Dabei bot der Konservendirektor zur bevorstehenden Erntesaison stets die Lieferung frisch gestochenen Burgdorfer Spargels an. Denn durch den „Burgdorfer Spargel" war die Burgdorfer Konservenfabrik bereits während der Kaiserzeit zu einer bekannten Qualitätsmarke geworden. Bockelmann antwortete teils mit sehr ausführlichen Briefen und nahm das Angebot auch immer wieder dankend an. Er bestimmte dabei den Zeitpunkt der Lieferung, suchte Express-Verbindungen nach Kursbuch und den günstigsten Zielbahnhof für die Zustellung heraus. Der Spargel gab immer wieder den Anknüpfungspunkt für ihre gegenseitige Kommunikation. 1932 trafen sich Ohk und Bockelmann zudem in Hannover, während Letzterer am Opernhaus in den „Meistersingern" gastierte. Die Briefe Bockelmanns bewahrte Ohk zeitlebens auf, und sie blieben im Besitz seiner Nachfahren.

In den Briefen spricht Bockelmann über den Fortgang seiner Karriere und über das Leben mit seiner Familie. Mitunter ergeben sich Pausen in der Korrespondenz über etliche Jahre. Es mag sein, dass Walter Ohk nicht alle Briefe und Postkarten aufbewahrte, doch lässt ein Brief Bockelmanns aus dem Jahr 1942 erkennen, dass sie während der NS-Zeit tatsächlich lange Zeit nicht mehr voneinander gehört hatten. Dies kann an einer gegenseitigen Misstrauenshaltung zur politischen Einstellung gelegen haben, die beide vielleicht voneinander nicht einzuschätzen vermochten.

Die Briefe lassen den Sänger vordergründig als ehrgeizig, in seiner Arbeit eitel und auch von sich eingenommen erscheinen. Bisweilen aber klingen seine Zeilen auch nach Selbstbeschwichtigung, immer dann, wenn es um die Zukunft geht, und man möchte annehmen, dass Bockelmann mit zunehmendem Alter auch Existenzangst plagte. Er spricht sich häufig selbst Mut zu, vergewissert sich seiner Erfolge, seines Ranges, seines Ansehens. Keineswegs durfte im Kollegenkreis oder gar darüber hinaus der Eindruck entstehen, einem Sänger fehlten Kraft und Kondition in der Stimme. Die Anzahl von Gastspielen, die Summe der Partien, die Anzahl der Aufführungen für die einzelne Rolle waren ein Ausweis für Agenten und Intendanten, ein Beleg dafür, dass der Künstler noch immer in Hochform, in Bestform war, einen Marktwert hatte. Nur dann waren Anschlussverträge garantiert.

Immer wieder streift er das Befinden seiner Ehefrau und gerade in späteren Jahren liest man heraus, dass seine Disziplin auch dem Pflichtgefühl entsprang, eine gesicherte Existenz aufrecht erhalten zu können und Sorgen von der Familie fern zu halten. Aus diesem Grunde stellt sich die Frage, weshalb er später nicht in seinem ursprünglichen Beruf als Philologe an einem Gymnasium lehrte. Diesen Gedanken wirft er selbst nie auf oder teilte ihn zumindest anderen nicht mit. Vielleicht war es ihm undenkbar, auf die Anerkennung durch das Publikum und auf das gesellschaftliche Ansehen zu verzichten. Klar wird seine Haltung, wenn man sich vor Augen hält, dass sein Vater als Lehrer auf das Philologie-Studium gedrängt hatte. Seinen Vater beschrieb er stets als streng. Rudolf Bockelmann vollendete das Studium nach dem Krieg auf Wunsch des Vaters. Gleichzeitig nahm er Kontakt zu den Spitzenkräften der Musik auf, um seinen eigentlichen Traum verwirklichen zu können, obwohl er schon 27 Jahre alt war. Leipzig als Hochschulstandort hatte er ausgewählt, um beide Ziele verfolgen zu können. Somit erklärt sich, weshalb er auch später den ungeliebten, vom Vater gewünschten Beruf nicht aufgreifen wollte. Gleichwohl blieb ihm wichtig, dass der Vater seine Erfolge als Sänger in Leipzig miterleben konnte, seine Karriere als Sänger vor dem Vater Anerkennung fand.

Rudolf Bockelmann lebte zu Recht über viele Jahre in der Überzeugung, künstlerisch zur Elite seines Fachs zu zählen. Etwas geringschätzig urteilte er deshalb über das provinzielle Niveau der Oper in Hannover und mokierte sich über den Bildungsgrad des Publikums bei Veranstaltungen der NS-Freizeitorganisation „Kraft durch Freude" (KdF). Hierbei kommt zum Ausdruck, dass Hochschulabsolventen zu jener Zeit sich ein Leben lang zur Spitze der gebildeten Gesellschaft zählen konnten und somit durch Bildung auch der gesellschaftliche Stand unverrückbar festgelegt schien. Bockelmanns Selbstverständnis gleicht dem eines Oberstudienrates oder Hochschulprofessors. Mit der Ernsthaftigkeit und Disziplin eines Latein- oder Griechisch-Lehrers ging er seine Partien an und füllte seinen Vertrag aus. Obwohl er vom Applaus und der Bestätigung durch das Publikum lebte, somit eine Künstlerseele war, blieb er ein eher bescheiden lebender Leistungsträger, der nach dem Schlussapplaus einfach nur nach Hause ging.

Auch wenn Rudolf Bockelmann sich nach dem Ende der NS-Zeit von Fach- und Kollegenkreisen ausgegrenzt fühlte, so gab es doch immer noch ein Publikum, das ihm uneingeschränkte Anerkennung zukommen ließ. In seinen letzten Lebensjahren schrieb er aus Dresden, dass er nunmehr als Professor sein Ansehen habe, auch wenn er materiellen Luxus in der DDR natürlich nicht haben könne. Und damit war sein Motiv genau getroffen. Ohne Anerkennung für seine Begabung konnte er nicht sein. Ungewöhnlich für einen Künstler gerade seiner Generation ist die Offenheit, mit der er später über den Karriereknick in der Nachkriegszeit und auch seine seelische Verfasstheit sprechen konnte. Der Celler Zeitungsverleger Ernst Pfingsten (1896-1966), der wie Walter Ohk eine Bezugsperson in die alte Heimat geblieben war, veröffentlichte am 11. Oktober 1958 in der „Celleschen Zeitung" eine Sonderseite zum Tode Bockelmanns. Der Inhalt lässt vermuten, dass Bockelmann mit Pfingsten die gleichen Gedanken ausgetauscht hatte wie mit Ohk. Im April 1957 hatte er in dem Veranstaltungszentrum der Celler „Union" einen Liederabend gegeben, sein bewährtes Programm mit Balladen von Carl Loewe, aber auch mit vertonten Gedichten von Wilhelm Busch und Morgenstern.

Den ersten von Ohk aufbewahrten Brief schrieb Rudolf Bockelmann am 4. Juni 1929 aus der Andreasstraße 31 in Hamburg-Uhlenhorst[33]. Darin bedankt er sich für die Lieferung frischen Burgdorfer Spargels, den Ohk als Geschenk zu Bockelmanns Geburtstag zugestellt hatte.

> „Seit 1926, also jetzt drei Jahre, bin ich nun schon in Hamburg. Kurz vorher, im April, habe ich mich verheiratet, hatte meine Frau, die auch Sängerin war, in ihrem ersten Engagement an unserer Leipziger Oper kennen gelernt, sie ist beinahe ‚Leipziger Kind', d.h. in Hannover geboren aber in Leipzig aufgewachsen, wo mein Schwiegervater Kaufmann ist. Heute will ich aber wenigstens in groben Umrissen erzählen, damit Sie etwas im Bilde sind. Dass wir uns seinerzeit in Leipzig sahen, ist nun auch wohl schon sechs oder sieben Jahre her. Damals war ich noch ziemlich Grauer Fuchs in meinem neuen Beruf. Wir sind dann im August 26 nach Hamburg übergesiedelt, meine Frau hatte mit ihrer Verheiratung ihre eigene berufliche Tätigkeit aufgegeben, sehnt sich auch nicht sehr danach zurück, bleibt aber durch mich immer in Kontakt mit der Kulissenluft und ist nun erst recht als Kennerin des Berufs mir die erste Helferin und Kameradin in meiner beruflichen Tätigkeit. Diese nahm in Hamburg einen sehr schnellen und großen Aufschwung. Gerade die größten Rollen meines Heldenbaritonfachs, den Sachs und die Wotans, habe ich in Hamburg erst ‚geboren' und gewann in kurzer Zeit allseitige Anerkennung, so dass ich mit meiner Stellung hier wahrhaftig zufrieden sein kann. In den letzten 1 ½ Jahren erweiterte sich der Kreis meiner Tätigkeit aus auswärts immer mehr. So war ich letztes Jahr bei den Bayreuther Festspielen dabei, hatte letzten Winter einen Gastspielvertrag mit der Berliner Staatsoper Unter den Linden, die mich am liebsten ganz haben möchte; habe nun soeben meine Londoner Gastspiele mit schönstem Erfolge absolviert und schlage mich momentan brieflich mit den ‚geschäftstüchtigen' Agenten herum, die mich nun für die nächste Saison ‚günstig placieren' wollen. Doch von geschäftlichen Dingen will ich nicht reden, die Hauptsache ist ja, dass ich mich in meinem Beruf sehr wohl fühle und dass ich auch daheim in meinen vier Wänden zufrieden und glücklich bin."

Im Übrigen sei Hamburg eine wirklich schöne Stadt, seine Wohnung in nächster Nähe der Alster gelegen. Bekannte, gute Freunde habe er genug, manchmal schon zu viele. Die Hamburger seien

33 Handschriftlich verfasster Brief auf Briefpapier mit Bockelmanns Briefkopf. Der Brief ist stark gekürzt um alle persönlichen Schilderungen, die seine Angehörigen betreffen.

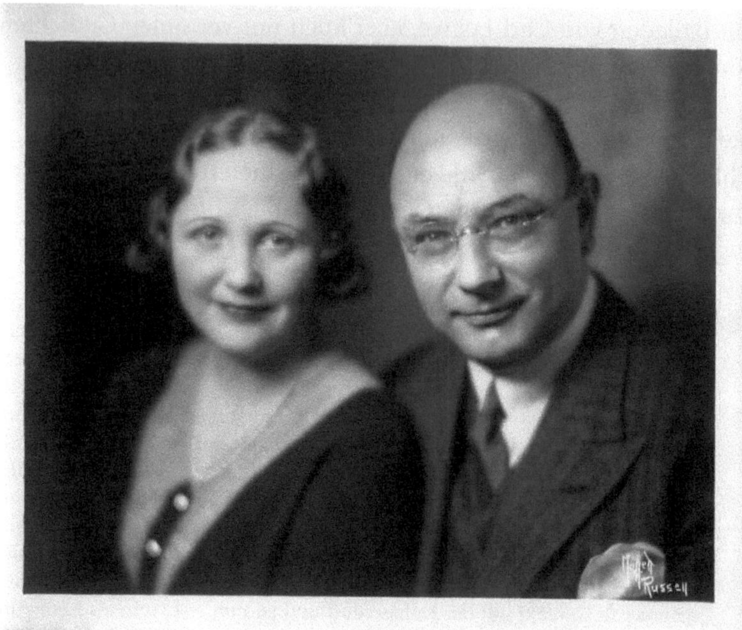

Mit der Sängerin Maria Weigand war Rudolf Bockelmann bis zu seinem Lebensende verheiratet. Sie hatte nach der Hochzeit ihren Beruf aufgegeben, war bei all seinen Karrierestationen stets an seiner Seite. Nationalarchiv der Richard-Wagner-Stiftung, Bayreuth.

großenteils kunst- und künstlerbegeistert, über Langeweile und Einsamkeit könne er sich nicht beklagen. Bis 1932 laufe hier noch sein Vertrag, was dann geschehe, wisse er noch nicht. Vorläufig fühle er sich in Hamburg in jeder Beziehung sehr wohl und könne mit seinem Los sehr zufrieden sein. Momentan freue er sich mit seiner Frau auf die Ferien. Am 15. schließe die laufende Saison, dann müsse er noch acht Tage nach Amsterdam als „Amfortas"[34], und dann gehe es auf schnellstem Wege mit Frau und Kind in die schöne Schweiz.

In Hannover habe er bislang kein Gastspiel gehabt, was merkwürdig sei. Von Leipzig aus habe Norddeutschland reichlich weit

34 Parsifal, Richard Wagner.

fort gelegen. Jetzt, da er in Hamburg wohne, habe sich Hannover nie gemeldet:

> „Es ist ja aber auch der Glanz des alten Hoftheaters etwas verblichen – wie in allen derartigen Theatern heutzutage. Immerhin besteht doch natürlich die Möglichkeit, dass man mich mal zu einem Gastspiel holt und ich auch annehme, wenn irgend Zeit ist. Meine für derartige Reisen zu Konzerten und Gastspielen pro Saison zustehende Urlaubszeit ist allerdings immer schnell besetzt, wenn ich alles annehmen könnte, was ich angeboten bekomme, so käme Hamburg mir aufs Dach."

Bockelmann berichtet von der Geburt seiner ersten Tochter Eva-Maria und schreibt an Ohk sehr ausführlich, dass sein Vater, seit 1918 pensioniert, den künstlerischen Erfolg in Leipzig noch miterlebt und sich bei wochenlangen Besuchen mitgefreut habe, 1926 dann aber überraschend verstorben sei. Seine Mutter sei schon 1922 von ihrem langen Leiden erlöst worden. „Für mich war sein plötzliches Hinscheiden ein harter Schlag, aber ich hatte ja nun meine Frau und stand nicht allein."

Seine nächste Nachricht an Ohk sandte Bockelmann am 24. Mai 1929[35] aus London, eine Star-Postkarte mit Autogramm:

> „Bin hier in London seit ca. vier Wochen zu Gartenspielen an der Covent Garden Opera (Sachs und Wotan), morgen geht's wieder heim. Habe bisher viel Interessantes erlebt und große Erfolge gehabt. Aber jetzt möchte ich, wenn ich wieder heim komme, mal wieder den besten Spargel der Welt essen – aus Burgdorf. So wäre ich Ihnen sehr dankbar, wenn Sie ‚10 Pfund vom Besten' an meine unten stehende Adresse auf Rechnung schicken."

Bockelmann hatte in seinem ersten Brief ein Wiedersehen angeregt, und als sich im Jahr 1932 dann doch erstmals ein Gastspiel in Hannover ergab, sandte er aus Frankfurt am 27. März 1932[36] eine Karte an Ohk.

> „Vielen Dank für Ihren freundlichen Brief, auch ich freue mich sehr Sie zu sehen. Kommen Sie doch bitte nach der Vorstellung in den ‚Rheinischen

---

35 Star-Postkarte von Rudolf Bockelmann in Zivilkleidung mit handschriftlichem Text unter dem Titelbild: Rudolf Bockelmann, Hamburg 39, Andreasstr. 31.

36 Postkarte mit dem Stempel aus der Geburtsstadt Goethes. Das Wiedersehen zwischen Ohk und Bockelmann wird im Hotel „Rheinischer Hof" in Hannover verabredet.

Hof', wo ich mit verschiedenen Bekannten (auch Kranalt) zusammen bin. Also auf frohes Wiedersehen und viele Ostergrüße, auch Ihrer lieben Frau."

Rudolf Bockelmann, der noch immer Vertrags-Bariton beim Stadttheater Hamburg (Oper) war, sowie Max Lorenz (1901-1975), Tenor der Staatsoper Dresden, waren die Stargäste in „Die Meistersinger von Nürnberg" von Richard Wagner bei den Städtischen Bühnen Hannover (Opernhaus) am Mittwoch, 30. März 1932 in der nahezu fünfstündigen Inszenierung unter Leitung von Rudolf Krasselt und in Regie von Hans Winckelmann. Die Rolle der Eva sang die Sopranistin Tiana Lemnitz (1897-1994). Lorenz kam 1933 an die Berliner Staatsoper Unter den Linden, Lemnitz 1934. Bockelmann sang den Hans Sachs, Lorenz den jungen Ritter Walter von Stolzing und Lemnitz die Eva, Tochter des Goldschmiedes Veit Pogner. Lemnitz hatte bis 1931 dem Stadttheater Hannover (Oper) angehört, danach der Oper in Dresden.

Im April wollten sich Ohk und Bockelmann noch einmal in Hannover treffen, während Bockelmann nun auch den Wotan in Hannover gab. Offenbar hatte Ohk ihn in sein Privathaus eingeladen. Doch vorher sandte Bockelmann eine Postkarte, mit der er das Treffen absagte.[37]

„Ich hatte es mir so nett gemacht, Zeit zu haben, um Sie in ihrem Heim zu besuchen. Aber das berufliche Pech ist wieder da: Ich muss nach der Walküre nach noch reisen, da ich am nächsten Morgen bereits Hauptprobe zum ‚Boris Godunow'[38] habe. Ich bedaure diese Wendung der Regie sehr, hoffe aber, Sie wenigstens am Abend nach der Vorstellung zu begrüßen, und wenn Sie Zeit und Lust haben, wieder wie neulich mit Ihnen zusammen zu sein."

Rudolf Bockelmann war am Dienstag, 19. April 1932 Stargast als Wotan in der vierstündigen Aufführung von „Die Walküre" von Richard Wagner bei den Städtischen Bühnen Hannover im Opernhaus, inklusive zwei Pausen nach dem ersten und dem zweiten

---

37 Postkarte des Hotels „Der Fürstenhof", Berlin an Herrn Walter Ohk, Hannover-Wülfel, Hildesheimer Chaussee 157.

38 Oper von Modest Mussorgski aus dem Jahr 1874 nach dem gleichnamigen Drama von Puschkin.

Aufzug. Die musikalische Leitung hatte Rudolf Krasselt, die Regie Hans Winckelmann.[39]

Hans Sachs und Wotan waren also schon zu jener Zeit seine beiden Paraderollen, für die er im In- und Ausland zu Gastspielen gebucht wurde.

39 Im Nachlass von Walther Ohk fanden sich Programmanzeigen für beide Aufführungen am Opernhaus Hannover, die er offenbar beide besucht hatte.

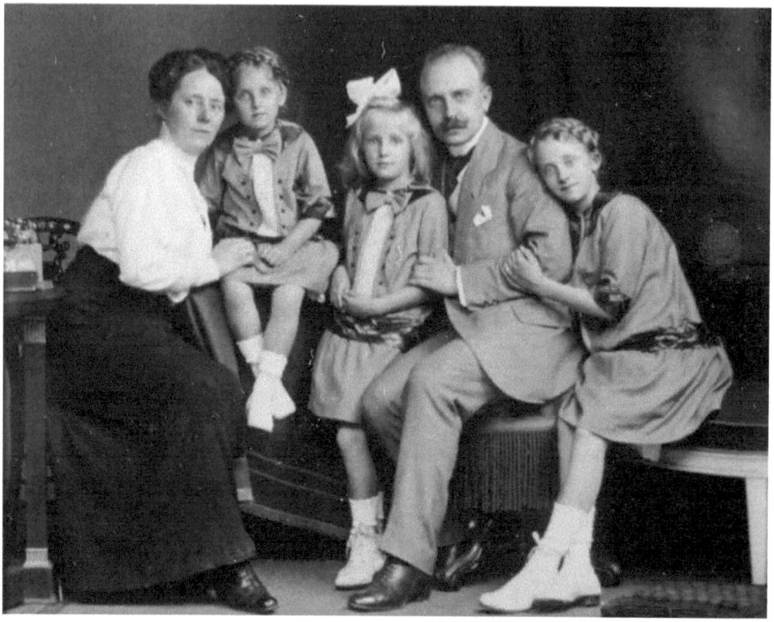

Der Adressat von Bockelmanns Briefen, der Konservenfabrikant Walter Ohk und seine Familie. Er leitete das Werk in Hannover-Wülfel der Burgdorfer Konservenfabrik. Beide hatten vor dem Ersten Weltkrieg als „Burgdorfer Harmoniker" zusammen musiziert. Ohk war 15 Jahre älter. Renate Ohk, Wennigsen.

Von Hamburg nach Berlin: Meistersinger vor verstaubtem Publikum

Die Opernhäuser Berlins

Um Rudolf Bockelmanns Briefe und unveröffentlichte Texte einordnen zu können, ist es hilfreich, zuvor die Geschichte der Berliner Opernhäuser, Debatten um den kulturpolitischen Rang der Oper vor und während der NS-Zeit und die Bedeutung des Komponisten Wagner als Vorbild für deutschsprachiges Musiktheater zu betrachten.

Rudolf Bockelmann war in Berlin engagiert an der Preußischen Staatsoper Unter den Linden, dem früheren Königlichen Opernhaus, ursprünglich die „Italienische Hofoper". Dieses einst von König Friedrich dem Großen 1742 eröffnete Haus stand seit 1927 unter Leitung des Intendanten Heinz Tietjen (1881-1967) und wurde vom Land Preußen getragen. Nicht zu verwechseln ist die „Deutsche Staatsoper Berlin" mit dem „Deutschen Opernhaus" in Berlin-Charlottenburg, das auch bisweilen „Deutsche Oper Berlin" genannt wird. Von 1934 bis 1943 war hier Bariton Wilhelm Rode (1887-1959) Intendant. Rode war seit 1926 Bariton an dem Hause und erlangte den Posten des Intendanten nach dem überraschenden Tod seines Vorgängers und früheren Generalintendanten Max von Schillings, der erst im Frühjahr 1933 eingesetzt worden war. Dieses Haus in der Bismarckstraße war 1912 von der damals noch selbstständigen Stadt Charlottenburg und somit vom Bürgertum gebaut und betrieben worden.[40] Charlottenburg galt als reichste Stadt Preußens und das Opernhaus war mit 2.300 Plätzen nicht nur weitaus größer als die Berliner Oper Unter den Linden, sondern auch technisch das modernste Bühnenhaus des Reiches. Dem Saal jedoch wurde stets eine schlechte Akustik nachgesagt. 1920 wurde das Charlottenburger Haus in „Städtische Oper" umbenannt, von 1934 an hieß es wieder „Deutsches Opernhaus" und unterstand nunmehr nicht mehr dem Land Preußen, sondern dem Reich und

---

40 Max W. Busch: *Die Deutsche Oper Berlin*. Berlin 1984. Seite 12.

somit dem Propagandaministerium und dessen Minister Joseph Goebbels. Fortan gab es das Kuriosum in Berlin, dass Herman Göring und Joseph Goebbels zwei konkurrierende Bühnen kontrollierten. Ob Joseph Goebbels diesen Schachzug in die Wege geleitet hatte, um Hermann Görings Einfluss auf die Opernwelt zu schwächen, ist eine in der Literatur nicht befriedigend geklärte Frage. Das Charlottenburger Haus, das eine große Spielstätte war, aber keine musikhistorische Traditionsgeschichte hatte, genoss in der NS-Zeit nicht die Wertschätzung, die das Regime der Staatsoper Unter den Linden zukommen ließ, die als Aushängeschild für Auslandsgäste galt und auch für diplomatische Empfänge der Regierung genutzt wurde.

Gerade in der fremdsprachigen Literatur kommt es immer wieder zur Verwechselung der beiden Häuser, da vielen Autoren nicht bewusst ist, dass es zwei staatliche Opernhäuser in Berlin gab, die auch noch nahezu identische Namen trugen. Gleichwohl fanden auch im Charlottenburger Opernhaus Aufführungen unter Teilnahme der NS-Spitze statt, was durch organisatorische Gründe, der enormen Kapazität des Saales oder des Spielplans zu erklären wäre. 1935 wurde hier entgegen der ursprünglichen Konzeption einer bürgerlichen Oper eine repräsentative Loge eingebaut, in der Führer und Gäste künftig Platz nehmen konnten.[41] Hier sah Adolf Hitler mehrfach seine Lieblingsoperette „Die lustige Witwe", in einer Inszenierung mit bombastisch übertriebener Ausstattung, die einem heutigen Musical gleichen würde. Und damit sieht man auch den Unterschied in der Funktion des Hauses. Es war während der Intendanz Rodes eher ein Unterhaltungsbetrieb für die große Show, in den auch ein großes, repräsentatives Restaurant integriert war. Im Haus Unter den Linden dagegen wurde auch während der NS-Zeit nie eine Operette gegeben, sondern die höchste und ernste Kunst in der klassischen Auslegung proklamiert.

In das Ensemble der Deutschen Staatsoper Unter den Linden integriert wurde 1931 das der Kroll-Oper, seit 1924 das dritte Berli-

---

41 Gisela Huwe, Fritz Bornemann (Hg.): „Die Deutsche Oper Berlin. Bau, Technik, Ästhetik." In: *Die Deutsche Oper Berlin.* Berlin 1984. Seite 114.

ner Opernhaus.[42] Das „Krollsche Etablissement" war einst ein pompöser und imposanter, 1844 eröffneter gastronomischer und privatwirtschaftlicher Betrieb, der begleitend zu Café und Restaurant auch Tanz, Musik, Gesang, Theater und Operette bot, eine frühe Form ganztägiger Erlebnisgastronomie, ein Betrieb, der im Laufe der Jahrzehnte betriebswirtschaftlich Höhen und Tiefen erlebte, während der wilhelminischen Epoche jedoch stets ein Zentrum des Berliner Entertainments und Treffpunkt der großbürgerlichen Gesellschaft blieb. Von 1850 bis 1856 wurden hier Opern während der Sommermonate im Tiergarten aufgeführt. 1914 sollte auf Veranlassung von Kaiser Wilhelm II. der Krollsche Betrieb zum größten Opernhaus mit 2.500 Sitzen ausgebaut werden. Damit wollte der Herrscher die neue bürgerliche Oper im benachbarten Charlottenburg an Größe übertrumpfen. Denn es war mit seinem Selbstverständnis nicht vereinbar, dass die Bürger ein weit größeres Haus unterhielten als der Kaiser. Am 1. Januar 1924 wurde das nun „Oper am Königsplatz" genannte Haus nach Umbau als zweite Spielstätte der Staatsoper Unter den Linden mit Wagners „Meistersingern" wiedereröffnet. Aus Gründen der Betriebsorganisation wurden beide Häuser 1927 wieder getrennt und die unter Otto Klemperer geführte, jetzt „Staatsoper am Platz der Republik" bezeichnete Spielstätte wurde der Avantgarde-Betrieb, der ultra-moderne Inszenierungen bot, die ihrer Zeit um 30 Jahre voraus waren und den deutschen Nachkriegsbühnen später Vorbild blieben. Am 3. Juli 1931 ließ der Preußische Landtag die Kroll-Oper unter dem Hinweis schließen, das Land könne in Krisenzeiten nicht drei Opernhäuser für Berlin betreiben und die Kroll-Oper sei defizitär. Das Ensemble wurde wieder in die Staatsoper integriert, die Spielstätte blieb ungenutzt. Tatsächlich war die Kroll-Oper auch wegen kulturpolitischer Kontroversen geschlossen worden. Gerade in den Jahren 1927 bis 1931 hatte sich das Haus unter Leitung von Otto Klemperer zur Traditionsoper Unter den Linden mit modernen Inszenierungen stilistisch und inhaltlich abgegrenzt. Rechte Parteien hatten die Spielpläne als „Kulturbolschewismus" kritisiert und

42 Schon seit 1895 war der Krollsche Betrieb zweite Spielstätte der Königlichen Oper.

auch das Publikum hatte sehr uneinheitlich auf die progressive Regie reagiert. Neben begeisterten Abonnenten lehnten viele konservative Opernfreunde die Abkehr von werktreuer Umsetzung und auch neue, moderne Inszenierungen wie unkonventionelle Musikstile ab. Zu diesen zählten Werke von Arnold Schönberg, Paul Hindemith und Ernst Krenek, die alle von Nationalisten angefeindet wurden. Dazu kam der Umstand, dass die Kroll-Oper nicht allzu weit von der Staatsoper Unter den Linden entfernt lag, und auch in der Hauptstadt Berlin das Publikum begrenzt blieb, das überhaupt bereit war, eine Oper zu besuchen. Schon damals wurde das Opernpublikum durch Abonnements an die jeweilige Spielzeit gebunden und das Abo-Publikum stellte bei jeder Vorstellung einen wesentlichen Anteil der Besucherzahl.

Rudolf Bockelmann sang in Berlin ausschließlich an der Staatsoper Unter den Linden. Dieses Haus und die Bayreuther Festspiele galten als Zentren des deutschsprachigen Musiktheaters, über die auch die Teile des Bildungsbürgertums für die nationalsozialistische Sache angesprochen werden konnten, die dieser eventuell bislang ablehnend gegenübergestanden hatten. Es waren auch die beiden deutschen Musikstätten, die über Signalwirkung in das Ausland verfügten. Die Kroll-Oper rückte als Spielstätte für die Staatsoper erst wieder als Ausweichquartier ins Blickfeld, nachdem das Haus Unter den Linden nach Luftangriffen beschädigt worden war.

Hermann Göring war seit dem 10. April 1933 Ministerpräsident des Landes Preußen und somit unterstanden ihm auch die Preußischen Staatstheater. Heinz Tietjen war seit 1927 Generalintendant der Preußischen Staatstheater und genoss Görings uneingeschränkte Sympathie. Das Verhältnis Hitlers zu Tietjen soll vergleichsweise distanziert gewesen sein. Grund könnte eine gewisse Unsicherheit Hitlers gegenüber dem Opernwesen jenseits der Werke Wagners gewesen sein. Denn es wurde schon während der NS-Zeit oft hämisch kolportiert, dass Hitlers persönliche Vorliebe Puccinis „Madame Butterfly“ sowie Franz Lehárs Operette „Die lustige Witwe“ von 1905 galt. Dies passte ideologisch nicht unbedingt zu der Zielsetzung der nationalen Musikpolitik. Andererseits gab es auch gar keine Notwendigkeit für Hitler persönlich mit Tietjen Kontakt zu pflegen. Vielleicht aber auch wollte Hitler aus taktischen Gründen keine Priorität erkennen lassen, weil er zu jenem Zeitpunkt selbst nicht einzuschätzen vermochte, wo Freunde und wo Feinde lauerten.

Zu den preußischen Staatstheatern zählten neben der Oper Unter den Linden das Schauspielhaus am Berliner Gendarmenmarkt, das Berliner Schillertheater sowie die Theater in Wiesbaden und Kassel. Die hessischen Bühnen lagen im Zuständigkeitsbereich Preußens seit dem Deutschen Krieg 1866 und der Annektierung von Teilen Hessens. Seit dieser Zeit hatte es immer auch wieder den konkreten Plan von Reichskanzler Bismarck gegeben, den Sitz der Reichsregierung nach Kassel zu verlegen, um Monarchie, Regierung und Parlamentarier vor den linksrevolutionären Strömungen des Berliner Arbeitermilieus im Sinne des Personenschutzes abzuschirmen.

Die Bedeutung der Staatsoper Berlin für die Bayreuther Festspiele

Winifred Wagner hatte 1931 Heinz Tietjen zum künstlerischen Leiter der Bayreuther Festspiele berufen. Dieser blieb in dieser Funktion bis 1944 und galt früh als geschickter Manager, der künstlerische und wirtschaftliche Ziele in gleicher Weise im Auge zu behalten und mit dem Publikumsgeschmack in Einklang zu bringen vermochte. Innerhalb der NSDAP aber war er umstritten. Im April 1933 erreichte die umfangreiche öffentliche Kampagne gegen Heinz Tietjen nach der vorherrschenden Literaturlage ihren Höhepunkt, federführend von Propagandaminister Joseph Goebbels lanciert, mit dem vordergründigen Ziel, ihn aus dem Amt zu drängen. Es wurden Zweifel an seiner Loyalität zur NSDAP gesät, ein Vorwurf, der schon während des Jahres 1932 gegen ihn erhoben worden war. Er sollte als ungeeignet erscheinen, um deutsches Musiktheater im Sinne der nationalen Sache leiten zu können. Der NS-Ideologe Alfred Rosenberg hatte schon 1931 verbreiten lassen, dass

Tietjen ein Sozialdemokrat sei.[43] Informanten waren offenbar Personen, denen Tietjen in der jüngsten Vergangenheit Engagement oder Anstellung versagt hatte. Tratsch und Gerüchte wurden gezielt gestreut. Wesentlich sollte mit der Ablösung Tietjens nach vorherrschender Literaturlage der Einfluss Hermann Görings auf die Musiktheater geschwächt werden, durch dessen Mitsprache sich Goebbels gestört fühlte und durch dessen Einlassungen er die eigene Zielsetzung zur Entwicklung der Opernwelt durchkreuzt sah.

Vielleicht aber auch war die Differenz zwischen Göring und Goebbels um die Personalie Tietjen nur vorgetäuscht, um Kritiker zu irritieren und Tietjen zu etablieren. Schriftlichen Dokumenten ist in Zeiten von Diktaturen nie zu trauen.

Gleichzeitig gelang es, die Charlottenburger Oper dem Propagandaministerium zu unterstellen und in der Hauptstadt Berlin einen Konkurrenzbetrieb zu Hermann Görings preußischem Staatstheater zu etablieren. Vielleicht aber auch war es eine konzertierte Absprache zwischen allen Beteiligten gewesen, nach außen hin Uneinigkeit vorzutäuschen, um potentiell weitere Kritiker und Gegner innerhalb der Musikwelt gezielt im Ungewissen zu lassen.

Inzwischen nämlich war Tietjen innerhalb der nationalsozialistischen Kulturpolitik zu sehr vernetzt und Winifred Wagners direkter und persönlicher Einfluss auf Adolf Hitler zu groß, als dass Hermann Göring die Entlassung Tietjens gebilligt oder auch nur in Erwägung gezogen hätte. Denn die Staatstheater unterstanden nicht dem Reich, sondern dem Land Preußen. Adolf Hitler selbst soll kaum persönliche Sympathie für Tietjen gehegt haben, doch suchte er über die Verehrung Winifred Wagners den Zugang zu den gesellschaftlichen Kreisen der ernsthaften Musik, die ihm bislang verschlossen geblieben waren. International galt Heinz Tietjen als ein Erneuerer und Modernisierer der Wagner-Opern. Insbesondere auch in London wurden die deutschen Gastspiele als Weiterentwicklung im Hinblick auf eine differente, emotionalere, pointiertere Interpretation im Gesang wahrgenommen. Zentrales Ziel

---

43 Brigitte Hamann: *Winifred Wagner oder Hitlers Bayreuth.* 4. Auflage. München 2008. Seite 196.

war es für die NS-Politik dagegen, Wagner-Opern und die Bayreuther Festspiele für den Rundfunk nutzbar zu machen.

Die Bayreuther Saison von 1934 galt auch Rudolf Bockelmann selbst als sein wohl größter künstlerischer Erfolg, weil er sich hier in Hochform erlebte und auch vom Kollegenkreis mit einem nicht selbstverständlichen Enthusiasmus gefeiert worden war. Doch gerade diese Saison war in ganz besonderem Maße politisch beeinflusst gewesen, der Triumph sicherlich auch Folge einer vorauseilenden Prophezeiung. So kann diese auch kaum mit seinen bisherigen Karrierestationen verglichen werden.

Zu seiner Partie des Hans Sachs in den Meistersingern von Nürnberg der Bayreuther Festspiele am 23. Juli 1934 schrieb ihm seine Kollegin, die Sopranistin Maria Müller in der Rolle der Eva:

> „Lieber Rudolf! Ich bin noch so erschüttert von unseren Meistersingern, dass ich kaum hier zu dem Konzert, das mich leider aus Bayreuth fortgeholt hat, richtigen Kontakt finden kann. Und diese Erschütterung, ich muss es Dir sagen, kam einfach von Deinem übernatürlich schönen Gesang, der mich so inspirierte, wie ich es nie zuvor empfunden habe. Es ist uns viel Raum gegeben, um sich wie ein freier Vogel in der herrlichen Natur der Musik auszuleben. Wir können aufsteigen zu den Gottheiten, von denen andere nichts ahnen. Ist das nicht schon das ewige Leben? Ich fantasiere."[44]

Winifred Wagner (1897-1980) war nach dem Tod ihres Ehemannes und Wagner-Sohnes Siegfried (1869-1930) seit dem Jahr 1930 Chefin der Bayreuther Festspiele. Der Familienbetrieb – der seit Bestehen immer auch und vorrangig durch ein internationales Netzwerk von vermögenden, auch jüdischen Anhängern aufrechterhalten worden war und auf den zahlungskräftigen Freundeskreis aus dem Ausland immer angewiesen blieb – befand sich künstlerisch und finanziell an einem Wendepunkt. Schon während der Kaiserzeit hatte längst nicht jedes Jahr eine Festspielsaison finanziert werden können. Immer schon hatte es Lücken und Engpässe gegeben. Die in Bayreuth zuletzt gebotenen Aufführungen hatten in angejahrten Dekorationen und Kostümen das inszenatorische Niveau des 19. Jahrhunderts fortgeführt.

---

44 Zitiert bereits bei Berndt W. Wessling: *Rudolf Bockelmann. „Verachtet mir die Meister nicht". Ein Buch der Erinnerung an Rudolf Bockelmann.* Celle 1963.

„Wer das Bayreuth jener Tage nicht erlebt hat, kann sich nicht vorstellen, wie althergebracht, wie ehrfürchtig traditionell und trotzdem wie großartig und begeisternd dieses alte Theater war", notierte Rudolf Bockelmann später in seinen unveröffentlichten Erinnerungen.[45]

Damit war auch das Publikum gealtert. Für vormals wichtige Sponsoren aus den USA und dem übrigen Ausland hatte sich nach dem Ersten Weltkrieg und während der Weltwirtschaftskrise kein nachhaltiger Ersatz finden lassen. Neue, moderne Musikstile verhinderten, dass eine neue Wagner-Generation und Fan-Gemeinde nachwuchsen. Die Promotion-Tour, die Siegfried Wagner noch in die USA unternommen hatte, um neue Geldgeber zu gewinnen, geriet durch sein ungeschicktes Auftreten zu einem Publicity-Desaster, das keine Nachhaltigkeit nach sich zog. Der „Parsifal" war unter dem Etikett „Weihefestspiel" seit der Zeit Richard Wagners unverändert geblieben. Aus der Not hatte man eine Tugend gemacht und die Werktreue des Meisters galt für diese Oper offiziell als unantastbar. Winifred Wagner wollte dies nach Siegfrieds Tod ändern. An Investitionen und Modernisierungen in den Bühnenbetrieb war nicht zu denken. Die junge Generation und neue Publikumsgruppen konnten somit nicht gewonnen werden. Das an großstädtische Inszenierungen gewöhnte Publikum sah sich in Bayreuth auch bühnentechnisch einer altertümlichen Umsetzung gegenüber. Eine Abwärtsspirale war in Gang geraten. Winifred Wagner sah in der nationalsozialistischen Bewegung die ultimative Rettung, um neue Zielgruppen für die Festspiele gewinnen zu können. Mit Heinz Tietjen wurden die Bayreuther Festspiele zu einer zweiten Spielstätte der Berliner Staatsoper Unter den Linden. Nicht nur erstklassige Sänger, sondern auch moderne Bühnenbilder und Lichttechnik brachten erstmals ein großstädtisches Niveau auf der Höhe der Zeit nach Bayreuth. Der NS-Staat sprang 1933 ein und kaufte schon im Vorfeld Kartenkontingente ab.[46] Gleichwohl schlossen die Festspiele mit einem Verlust von 180.200 Reichsmark

45 Staatsarchiv Hamburg. Nachlass Rudolf Bockelmann. 622-1/223 Nr. 12.

46 Brigitte Hamann: *Winifred Wagner oder Hitlers Bayreuth.* 4. Auflage München 2008. Seite 252–261.

ab. Die Hoffnung von Winifred Wagner auf eine Initialzündung durch die Nationalsozialisten ging schon in der ersten NS-Saison trotz scheinbarer staatlicher Unterstützung nicht auf. Es lag das Missverständnis zugrunde, dass in der neuen nationalen „Bewegung“ sich neue Anhängerschaften für deutsche Opernwerke wie von allein bilden und begeistern würden. Vielmehr nutzte die NS-Spitze Wagner lediglich als Chiffre, Signum, als Werbeträger für die eigene Sache. Dies wurde via Rundfunk verbreitet und die Radiohörer sahen ja nicht, was sich auf der Bühne im Festspielhaus tat. Es ging lediglich um die Signalwirkung an die gebildeten Kreise und an die deutschen Musikschaffenden. Eine neue Wallfahrt nach Bayreuth blieb deshalb aus. Weil Adolf Hitler sich für eine ganze Woche über in Bayreuth einquartiert hatte, boten die Festspiele das Szenario einer politischen Veranstaltung. Die Auslandsbesucher reagierten erschreckt und verärgert. In der englischen Presse wurde von Hitler-Festspielen gehöhnt. Das war keine Reklame für Bayreuth. Viele Besucher des Traditionspublikums zählten sich selbst zu den gebrandmarkten und verfolgten Gruppen und waren gleich ganz ferngeblieben. So erschien im Nachhinein der Eindruck, dass Hitler Bayreuth als Bühne zur Selbstdarstellung in den Medien benutzt hatte, aber vorrangig nicht an der wirtschaftlichen Entwicklung des Festspielbetriebs oder an der kulturellen Neuausrichtung des „Deutschen Nationaltheaters“ interessiert gewesen war.

Zudem waren die Opernwerke Richard Wagners innerhalb der NSDAP nicht unumstritten. Ihr Wert für die deutsche Idee wurde insbesondere durch den Leiter des Reichsüberwachungsamtes, Alfred Rosenberg, infrage gestellt. Das Amt Rosenberg schien auch im Hinblick auf die ideologische Ausrichtung der Musik gegenüber dem Propagandaministerium spätestens zur Jahresmitte 1935 die Oberhand gewonnen zu haben, was in der Ablösung von Richard Strauss als Präsidenten der Reichsmusikkammer gipfelte.[47] Dessen Oper „Die schweigsame Frau“ war nach der Uraufführung in Dresden verboten worden, weil Strauss das Libretto von dem in-

47 Reinhard Bollmus: *Das Amt Rosenberg und seine Gegner. Studien zum Machtkampf im nationalsozialistischen Herrschaftssystem.* 2. Auflage München 2006. Seite 77-79.

zwischen emigrierten jüdischen Autoren Stefan Zweig hatte verfassen lassen. Wahrscheinlich aber lag seine Ablösung in der Tatsache begründet, dass unter seiner Ägide die Masse der organisierten Musikschaffenden keine spürbare Verbesserung ihrer materiellen und sozialen Lage hatten erkennen können.

Alfred Rosenberg hatte seine Vorbehalte gegenüber Richard Wagners Mythenwelt schon lange vor 1933 gefasst. Der stets vorherrschende Erlösungsgedanke durch die selbstlose und hingebungsvolle Liebe als Leitmotiv in Wagners Werken wurde von ihm abgelehnt. Die Legende von „Tristan und Isolde" sah Rosenberg durch Wagner fehlinterpretiert, da hier die romantische Liebe und nicht der Heldengedanke im Vordergrund stünde. Auch im „Ring des Nibelungen" sah der Leiter des kulturpolitischen „Überwachungsamtes" keine ideologische Handreichung. Bemängelt wurde, dass der einfache Volksgenosse dem komplexen Geschehen intellektuell überhaupt nicht folgen könne. Eine schnell und einfach aufzufassende Botschaft wurde vermisst. So wurden schließlich nach 1940 allein „Die Meistersinger" noch als diejenige Wagner-Oper empfohlen, der auch das einfache Kraft-durch-Freude-Publikum folgen könne. Letztendlich wurde auch Wagners Musik als rauschhaft oder barock abgewertet und als nicht zukunftsweisend für die nationale Idee abgelehnt. Vermisst wurde der Drill zum Heldentum und zur martialischen, kriegerischen Erbauung. Es war keine Musik, die zur Kampfbereitschaft stimulierte, keinen voranstürmenden Enthusiasmus provozierte, sondern im Mythischen, im Romantischen, im Sagenhaften in eine schier endlose, romantische Märchen-, Phantasie- und Traumwelt entführte.

Nüchtern und unumwunden wurde schließlich auch unterstellt, dass der großen Masse der deutschen Bevölkerung Verstand und Wille fehlten, um Wagner-Opern eine Botschaft, einen Sinn entnehmen zu können. In seinem Hauptwerk „Der Mythus des 20. Jahrhunderts" zieht Rosenberg den „Tristan" und den „Hans Sachs" heran und hebt als ein Hauptmerkmal die Einsamkeitsmomente der beiden Titelfiguren als stilbildend und vorbildlich für Wagners Opern hervor. Rosenbergs Buch sollte ein politisch-religiöses Grundkonzept liefern, die ideologische Basis für eine zukunftsfähige germanische Glaubensauffassung jenseits des Christentums. Auf den „Faust" und die „Nibelungen" beruft er sich, ebenso auf Wagners „Siegfried", um einen Heldenmythos herauszuarbeiten. Rosenberg stand aber vor demselben Dilemma, wie alle anderen NS-Ideologen auch, dass es nämlich von Geschichte und Kultur der „Germanen" aus vorchristlicher Zeit keine hinreichende Überlieferung gibt, die die kriegerische Selbstlosigkeit hätte beweisen können, die der Römer Publius Cornelius Tacitus in seiner Schrift „Über Germanien" heraufbeschworen und den Völkern nördlich der Alpen nachgesagt hatte. Während der 30er Jahre wurden reichsweit archäologische Grabungen an bekannten Plätzen angestoßen, an denen eine möglichst frühe germanische Kultur Spuren im Boden hätte hinterlassen haben können. Aus Verlegenheit sah sich der ein oder andere Grabungsleiter zu Fehldatierungen veranlasst und stufte hochmittelalterliche Funde zu frühmittelalterlichen oder gar vorchristlichen ein. Kleine Wallburgen einfacher Ritter, die dem Schutz des Erntevorrats vor Hochwasser, Schädlingen und Diebstahl gedient hatten, wurden zu strategischen Stützpunkten stilisiert. So geschah das zufällig auch in einem Nachbardorf von Rudolf Bockelmanns Heimatstadt Burgdorf. Hier wurden Funde der Wallburg Heeßel wohl um dreihundert Jahre vordatiert.[48]

Eine überlegene germanische Kultur ließ sich insgesamt nicht nachweisen. So versuchte auch Rosenberg zunächst, diese wünschenswerten kriegerischen Eigenschaften in Figuren der Sagenwelt hineinzudeuten, als fußten diese wie der „Tristan" auf einer unumstößlichen und nachweisbaren Überlieferungsgeschichte:

> „Eine süßliche Ästhetik hat auch dieses große Drama missverstanden und es lediglich vom Standpunkt der verzückten Isolde betrachtet. Dabei ist dieses vielleicht größte Werk Wagners kein Drama der Liebe, sondern ein Drama der Ehre. Weil Tristan seine unüberwindliche Liebe zur Braut seines Königs und Freundes als ehrlos empfindet, deshalb hält er sich fern von ihr, deshalb will er dann den Todestrank trinken, als er die Unmöglichkeit erkennt, seiner Liebe Herr zu werden. Wie nun der ‚Treueste der Treuen' die-

48 Hans-Wilhelm Heine: „Die ur- und frühgeschichtlichen Burgwälle im Regierungsbezirk Hannover." In: *Materialhefte zur Ur- und Frühgeschichte Niedersachsens.* Reihe A, Monographien, Heft 28. Reihe B, Inventare, Heft 3. Herausgegeben vom Niedersächsischen Landesamt für Denkmalpflege. Hannover 2000. Seite 60f.

> sen Ehrbegriff, der sein ganzes Leben ausmacht, von sich wirft und sich seiner Leidenschaft ergibt, das ist das unerklärlich-ungelöste Rätsel, welches durch den Minnetrank symbolisiert wird."[49]

In diesem Buch, das neben Hitlers „Mein Kampf" als wichtigste ideologische Schrift eines führenden NS-Politikers angesehen wurde, ging es aber nicht darum, eine Handreichung für künftiges Musiktheater zu formulieren. Es handelte sich vielmehr um eine assoziative Betrachtung und Interpretation, die auf wissenschaftliche Verweise und Beweise vollständig verzichtet. Aus der abendländisch-christlich geprägten Kulturgeschichte Europas versucht Rosenberg das Germanische unter Bezug auf Beethoven, Bach, Rembrandt und Schopenhauer herauszudestillieren. Die Haltung zu Wagner bleibt darin indifferent.

Auch Bockelmann hatte dieses Buch offenbar im Jahr 1935 gelesen, ein Exemplar später sogar persönlich von Rosenberg geschenkt bekommen. Nach einer Quelle des Bundesarchivs antwortete Bockelmann am 3. Oktober 1936 mit einem handschriftlichen Dankesbrief:

> „Für Ihre große Lieblingswürdigkeit, mir ihren ‚Mythus' zu übersenden, danke ich Ihnen aufrichtig. Ihr einzigartiges Werk, das mich vor einem Jahre während der Genesung nach langer Krankheit tief gepackt hat und mir seitdem ein kostbares Gut geworden ist, wird mir nun außerdem eine schöne persönliche Erinnerung sein an die eindrucksvollen Erlebnisse des Reichsparteitages der Ehre."[50]

Rudolf Bockelmann hatte während der Kulturtagung des Reichsparteitages in Nürnberg am 9. September 1936 Hugo Wolfs ‚Prometheus' nach Goethe gesungen. Bockelmann beließ es in seinem Brief an Rosenberg bei Höflichkeitsfloskeln und nahm inhaltlich keine Stellung. Vielmehr formulierte Bockelmann in seinen unveröffentlichten Papieren Mitte der 30er Jahre seine Erwartung auf eine künstlerische Erneuerung der Bayreuther Festspiele, die bislang

---

49 Alfred Rosenberg: *Der Mythus des 20. Jahrhunderts.* 33./34. Auflage. Berlin 1934. Seite 400-402.

50 Zitiert bei Fred. K. Prieberg: *Handbuch Deutscher Musiker 1933-1945. Digitale Version.* Kiel 2004. Seite 564 nach Quelle des Bundesarchivs BA NS8 / 149. Blatt 125.

erst in Ansätzen auf den Weg gebracht sei. Rosenbergs Buch müsste ihn eigentlich mehr beunruhigt als begeistert haben.

Winifred Wagner glaubte sich ihrer persönlichen Freundschaft zu Adolf Hitler sicher und sah in Verzögerungen und verschleppten Zusagen immer Joseph Goebbels als Gegenspieler am Werk. Der Gedanke, dass Hitler selbst sie eventuell auch nur am Gängelband hielt und vielleicht absichtsvoll in direkter Absprache mit Goebbels immer erst in letzter Minute den Weg für Subventionen freiräumte, kam ihr nicht. Das Spiel wiederholte sich 1934, als die Neuinszenierungen des „Parsifal" als die große künstlerische Herausforderung der Saison in Planung ging. Der Vorverkauf lief sehr zögerlich an. Auf dem Auslandsmarkt war im Januar 1934 noch gar keine Nachfrage zu verzeichnen und im Inland waren gerade 2.500 Karten verkauft worden, das waren nicht einmal eineinhalb Vorstellungen für das 1.600 Personen fassende Festspielhaus. Dem NS-Lehrerbund wurden 50.000 Mark für den Kauf von Karten zur Verfügung gestellt. Erst Mitte Mai 1934 trafen erste Buchungen der NSDAP ein. Die NS-Frauenschaft bestellte ganze 100 Karten.[51] Es schien, als wollte die Partei die Bayreuther Festspiele regelrecht sabotieren. Erst am 6. Juli 1934 kam von Hitler die Zusage, alle unverkauften Karten zu übernehmen. Inzwischen war der „Röhm-Putsch" erfolgt, der gerade im Ausland eine enorme Aufmerksamkeit hervorrief und auch Winifred Wagner nachhaltig irritierte, zumal sie die Familien einiger der Getöteten persönlich kannte. Es wurden in der Nacht vom 30. Juni auf den 1. Juli 1934 mindestens 90 namentlich bekannte Männer der paramilitärischen Kampforganisation in Bayern ermordet, wobei auch von bis zu 200 Toten ausgegangen wird. 1.124 Personen wurden verhaftet. Unter dem Vorwand, der Stabschef der SA – Ernst Röhm – plane einen Staats-Putsch, hatte die NS-Regierung die Spitzenkräfte der parteieigenen Störer- und Ordnertruppe ermorden lassen. Erst am 13. Mai 1934 hatte Ernst Röhm in Bayreuth ein effektvolles SA-Treffen mit 25.000 Teilnehmern unter musikalischer Begleitung des „Einzugs der Götter" aus dem „Rheingold" veranstaltet. Die Ereignisse um das

51 Brigitte Hamann: *Winifred Wagner oder Hitlers Bayreuth.* 4. Auflage München 2008. Seite 251.

„Röhm-Massaker" hielten viele Traditionalisten aus dem Ausland von einem Besuch der Festspiele ab und so brachte auch die zweite NS-Saison nicht die erhoffte Erneuerung, sondern vielmehr zusätzliche Irritation darüber, wie überhaupt die NSDAP künftig zu Bayreuth und den Werken Wagners stehen würde. Der Gedanke stand im Raum, dass mit der Beseitigung Röhms auch Bayreuth als ideologisch propagandistische Austragungsstätte für die NSDAP obsolet geworden war. Im August 1934 sprach deshalb nicht nur Rudolf Bockelmann, sondern auch Winifred Wagner im Rundfunk zur bevorstehenden Wahl Hitlers. Auch reichsweit die Verbundenheit Hitlers mit Bayreuth im Radio zu proklamieren, schien Winifred Wagner wohl die sicherste Möglichkeit, die Kritiker innerhalb der NSDAP am Wagner-Kult flächendeckend verstummen zu lassen.

Der NS-Staat hatte Bayreuth für den Rundfunk gekapert. Aus heutiger Sicht erscheint es wahrscheinlicher, dass Winifred Wagner gezielt von Goebbels und Hitler instrumentalisiert wurde, diese ihre Unsicherheit vor dem Hintergrund der finanziellen Misere auszunutzen verstanden und sie stets in letzter Minute erst vor vollendete Tatsachen stellten. Der Aufkauf der Kartenkontingente durch das Reich führte 1934 bereits zur Massenvermarktung durch die NS-Freizeitorganisation „Kraft durch Freude". Tagesausflügler und Kurzzeitreisende, ganze Betriebsbelegschaften und Busgesellschaften freuten sich über die Ablenkung vom Arbeits-, Büro- und Fabrikalltag, waren aber kaum an der Kunst der Inszenierungen und Darbietungen an sich interessiert. In der Festspielhalle stand Rudolf Bockelmann nun einem Publikum gegenüber, das mit Wurststullen und Thermosflaschen unterwegs war, von der Anreise in den Sesseln erschöpft wegdämmerte, vernehmbar schnarchte und sein Talent kaum zu schätzen verstand. Das war nicht die Zielgruppe, die sich Wagnerianer für die Zukunft der Festspiele vorgestellt hatten. Bockelmann äußerte sich in seinen unveröffentlichten Aufzeichnungen skeptisch darüber, ob die Erneuerung Bayreuths so gelingen könne. Es bräuchte ein jüngeres, ein frischeres Publikum.

Von Hermann Göring sind keine ablehnenden Signale gegenüber Tietjen oder Bayreuth überliefert. Kolportiert wurden vielmehr Schilderungen über sein persönliches Erscheinen bei Proben im Berliner Haus Unter den Linden im Jahr 1933, während derer er Rudolf Bockelmann gezeigt haben soll, wie man einen Speer korrekt hält. Göring ließ sich die Hoheit über die Preußische Staatsoper nicht aus der Hand nehmen und Tietjen darüber hinaus gewähren. Göring teilte nicht das spitzfindige Sendungsbewusstsein Goebbels, ließ sich nicht irritieren von den ideologischen Expertisen des Überwachungsamtes und blieb ein Anhänger der traditionell adelig geprägten standesbewussten Opernkultur, die einen Unterschied zwischen der großbürgerlichen Oberschicht und der Kultur der Arbeiterschaft machte. Ganz im Gegenteil nutzte er auch seine zweite Ehe mit der Schauspielerin Emmy Sonnemann, die er zur „Staatsschauspielerin" ernannte, um öffentlich persönliche Nähe und Verbundenheit zum Staatstheater zu signalisieren.

Hermann Göring war der einzige innerhalb der politischen Spitze des NS-Staates, der die Verbindung zum Ersten Stand der überkommenen Gesellschaftsordnung des Zweiten Reiches verkörperte, nämlich den des dekorierten Militärs, und so prallten Goebbels Ansichten an ihm vollkommen ab. Beide lebten für sich genommen und auch persönlich in Parallelwelten, die den Nationalsozialismus aus ganz unterschiedlichen Perspektiven sahen, die keine Schnittmenge zu haben schienen. So wie Goebbels sich mit der Filmwelt umgab und Schauspielerinnen umschmeichelte, zeigte sich Göring gerne im Umfeld der wirklich ernstzunehmenden und der wahren klassischen Kunst. Und so machten sich auch beide gegenseitig durch verdeckte Spitzen ihr Kulturumfeld madig. So standen Goebbels, Göring und Hitler quasi im diametralen Wettbewerb gegeneinander um medienwirksame Inszenierung in konkurrierenden Welten von Musik, Theater, Oper und Film. Vielleicht aber war es eine abgesprochene Aufgabenteilung, um Kritikern der NS-Kulturpolitik für den eigenen Machterhalt Zerstrittenheit an der Spitze vorzugaukeln. Jeder deckte somit das Spektrum einer kulturpolitischen Zielgruppe und eines Mediums ab, die scheinbar in ideologischem Widerspruch zueinander standen. Denn die existentielle Lage der Mehrheit der deutschen Kulturschaffenden besserte sich nur langsam. Heftig schritt Göring nur einmal ein, als die NS-Prestige-Oper „Schloss Durande" eine propagandistische Blamage zu werden drohte und er deren weitere

Aufführung untersagte. Umso auffälliger sind die Spitzen, die Joseph Goebbels immer wieder gegen die ernsthafte Musik und die Opernwelt im Laufe der Jahre abschoss; diese habe keine Wirkung und keinen Einfluss auf die breite Masse der Bevölkerung. Man kann annehmen, dass Goebbels und Göring in konzertierter Aktion handelten, da der Masse der während der gesamten NS-Zeit beschäftigten deutschen Musiker kaum eine auskömmliche Existenz gewährleistet werden konnte, trotz des offiziellen Aufwandes, den die Reichsmusikkammer betrieb.

In der Spielzeit 1933/34 brillierte Rudolf Bockelmann als Wotan in dem von Heinz Tietjen am Haus Unter den Linden neu inszenierten „Ring des Nibelungen". Heinz Tietjen hatte am 30. Mai 1933 dem preußischen Kultusminister die Kündigung von 16 „nicht-arischen" Künstlern vorgeschlagen. Darunter war Sopranistin und Publikumsliebling Lotte Schöne.[52] Am 12. Juni 1933 gab sie als Gilda in Verdis „Rigoletto" ihre letzte Vorstellung und wurde vom Berliner Publikum, das um ihre Situation genau wusste, mit stehenden Ovationen verabschiedet. Nach der ersten Entlassungswelle jüdischer Kollegen wurde ein subtiler Druck auf das verbliebene Ensemble aufgebaut und beibehalten. Parteizellen der NSDAP waren in beiden Berliner Opernhäusern implantiert und übten eine verdeckte ideologische Aufsicht über alle Beschäftigten aus, die nach dem Prinzip der gegenseitigen Kontrolle funktionierte. Ein latent wirkendes, permanentes Misstrauen wurde damit gestreut. Der seit Mitte der 1920er Jahre schon international bekannte Bass Alexander Kipnis (1891-1978) verließ die Staatsoper 1935 und wechselte nach Wien, anschließend nach New York. Mit Beginn des Krieges ging die Überwachung an beiden Opernhäusern in eine politisch aktive Agitation über, um im Sinne der Kriegspropaganda im Ensemble Stimmung zu machen auch für Auftritte zur Truppenbetreuung, die innerhalb der Künstlerschaft sehr umstritten waren.[53]

---

52 Hannes Heer, Jürgen Kesting, Peter Schmidt: *Verstummte Stimmen. Die Vertreibung der Juden aus der Oper 1933 bis 1945*. Berlin 2008. Seite 22.

53 Henry Bair: „Die Lenkung der Berliner Opernhäuser." In: *Musik und Musikpolitik im faschistischen Deutschland.* Herausgegeben von Hanns-Werner Heister und Hans-Günter Klein. Frankfurt/Main 1984. Seite 85.

Am 26. November 1934 besuchten Goebbels und Göring gemeinsam überraschend die Aufführung des „Tristan" in der Staatsoper Unter den Linden, die von Wilhelm Furtwängler dirigiert wurde. Furtwängler hatte am selben Tag in der „Deutschen Allgemeinen Zeitung" einen Essay veröffentlicht, in dem er auf einen Artikel in der von der NS-Kulturgemeinde herausgegebenen Zeitschrift „Die Musik" geantwortet hatte, in dem der Komponist Paul Hindemith als „kulturpolitisch nicht tragbar" diffamiert worden war. In seiner Entgegnung warnte Furtwängler davor, politisches Denunziantentum auf die Kunst anzuwenden. Das Publikum der Staatsoper applaudierte Furtwängler in Anwesenheit von Goebbels und Göring 20 Minuten lang. Dies wurde als öffentliche Missfallensäußerung und Ungehorsam gegenüber der Regierung gewertet und Furtwängler sah sich gezwungen, am 4. Dezember 1934 als Dirigent der Staatsoper, des Berliner Philharmonischen Orchesters und als Vizepräsident der Reichsmusikkammer zurückzutreten.[54] Hinter den Kulissen hatte besonders das „Reichsüberwachungsamt" - das „Amt Rosenberg" - zu diesem Schritt gedrängt und intern wurde dies als machtpolitische Niederlage für Goebbels und Göring gewertet. Es sollte der Eindruck erweckt werden, dass die beiden Minister nicht konsequent genug im Sinne der neuen Ideologie gehandelt hätten.

NS-Musikpolitik: Das Opernfach als Handwerk

Das Jahr 1933 und die nationalsozialistische Kulturpolitik hatten für die deutschen Spitzensänger der Opernwelt unerwartete Nachteile gebracht. Weil das Regime das „Star-System" abschaffen wollte, durften die Sänger keine freien Gastspielverträge mehr mit ausländischen Häusern über freie Agenten abschließen. Die Marktgesetze für Künstlergagen wurden außer Kraft gesetzt und durch eine Honorarordnung ersetzt. Künftig musste ein Auslandsengagement in jedem Einzelfall genehmigt werden. Dies war erforderlich, um die angekündigte und versprochene „Gerechtigkeit" unter den

---

54 Reinhard Bollmus: *Das Amt Rosenberg und seine Gegner. Studien zum Machtkampf im nationalsozialistischen Herrschaftssystem.* München 2006. Seite 76.

Musikschaffenden augenscheinlich und glaubhaft gewährleisten zu können. Der Staat wollte das Musikleben regeln nach den Grundsätzen einer Handwerksordnung. Niemand sollte sich benachteiligt fühlen, weil freie Kräfte des Marktes eventuell enthemmten Trends folgten und nur wenigen zu Ruhm und Reichtum verhalfen. Außerdem sah man keinen öffentlichen Ansehensgewinn darin, wenn führende Künstler deutscher Staatsbühnen in Nordamerika dem Dollar nachjagten. Das deutsche Publikum hatte davon nichts, wenn die vom Steuerzahler bezahlten Spitzenkräfte in New York auftraten. Vielmehr wollte das Regime künftig selbst bestimmen, zu welchen Anlässen man das Ensemble ins Ausland schickte.

Aus der Luft gegriffen war dieses freilich in propagandistischer Absicht formulierte Ziel nicht. Seit der Mitte des 19. Jahrhunderts hatte es Bestrebungen gegeben, eine Berufs- und Interessenvertretung für die Musikschaffenden zu etablieren, die ein geregeltes Auskommen und eine Rechteverwertung garantierte. Da dies bislang nicht gelungen war, konnte der NS-Staat sich dies geschickt als Verbesserung für den Berufsstand und zentrale Zielsetzung, als Erfolg, auf die Fahnen schreiben. Die an den Kulturstätten notorisch dominierende Intrigenkultur sollte ausgebremst werden, um eine möglichst große Zahl von Musikern und Künstlern für den Nationalsozialismus gewinnen zu können. Gleichzeitig sollte hier die Marktmacht der freien Musikverlage und Agenten beschnitten und eingegrenzt werden. Ziel war die Kanalisierung im Sinne einer Berufsordnung, wobei bis zum Ende des NS-Staates eine Philosophie nach dem Prinzip „Versuch und Irrtum“ von relativer künstlerischer Freiheit bestehen blieb. Es wurden keine schöpferischen Vorgaben gemacht, ideologisch offenkundige Betriebsunfälle einfach stillschweigend vom Markt genommen, gerade dann, wenn es Beschwerden von integren Stellen gab. Das galt für Bühne, Schallplatte, Rundfunk und Film.

Das erscheint nur vordergründig als Paradoxon. Folgte die NS-Politik im Äußeren und gegenüber unerwünschten Minderheiten dem sozialdarwinistisch formulierten Recht des Stärkeren, sollte dieses im Inneren und für die „deutschen Volksgenossen“ genau nicht gelten. Hier wurden gleiche Rechte für alle postuliert.

Für die Spitzenkultur ergab sich 1933 deshalb zum Beispiel das Problem, dass die Salzburger Festspiele in Österreich und somit im Ausland lagen. Absagen von deutschen Künstlern wurden dort als Beleg für nationalsozialistische Gesinnung wahrgenommen, auch wenn dies vor dem Hintergrund der neuen Regularien nicht unbedingt zutreffen musste. Von Wien aus wurde dies mit besonderer Häme goutiert. Richard Strauss wurde von Österreich aus vorgehalten, dass er außer dem „Rosenkavalier" nur Flops komponiert habe und deshalb gerne in Deutschland bleiben könne. Dies war mitunter für international erfolgreiche Künstler eine erhebliche Einbuße und auch deutsche „arische" Sänger, wie die in Preußen geborene Sopranistin Charlotte Lehmann, mussten sich jetzt entscheiden. Seit 1926 in Wien im Rang als Kammersängerin geführt, weigerte sich Lehmann, sich künftig an den Berliner Opernbetrieb zu binden und entschied sich für Österreich. Somit konnte sie in Deutschland nicht mehr auftreten. Sänger der Staatsoper Unter den Linden bekamen nun keine Freistellung mehr für die lukrativen Gastspiele und Engagements in den USA oder in anderen amerikanischen Ländern, in denen die Honorare gewöhnlich ebenfalls in Dollar ausgezahlt wurden. Zum Beispiel war dem Wagner-Tenor Lauritz Melchior 1931 in Buenos Aires für seine Darbietungen im „Ring" sowie im „Tristan" eine Gage von 2.100 Dollar pro Vorstellung gezahlt worden. Die Sopranistin Frida Leider bekam dort pro Abend 1.200 Dollar. Zum Vergleich: In Hollywood, das weltweit überhaupt die höchsten Künstlergagen zahlte, war nach Einführung des kostenintensiven Tonfilms maximal eine Wochengage von 5.000 Dollar denkbar, die höchsten Honorare pro Film lagen bei 250.000 Dollar. Der amerikanische Seifenhersteller Lux zahlte seit 1936 Hollywood-Stars für Sprechrollen in live gesendeten Hörspielen des Rundfunks (Seifenopern) 4.000 Dollar pro Abend, damals weltweit das lukrativste Einzel-Engagement im Entertainment. Auch in Nordamerika zahlten die Opernbühnen nicht auf vergleichbarer Höhe der Filmindustrie. Dennoch hatten Dollar-Gastspiele einen wesentlichen Teil der Einnahmen der deutschen Wagner-Stars ausgemacht. Wer unter den Sängern der staatlichen deutschen Häuser weiterhin in USA gastieren wollte, riskierte nunmehr die Kündigung.

Überliefert ist ein Briefwechsel von Bockelmanns Kollegin Frida Leider (1888-1975), indem sie dieses Dilemma schildert und ihr Engagement an der Metropolitan Oper New York für den Sommer 1934 aus politischem Zwang heraus absagt.[55] Denn es hätte ihren Vertrag an der Berliner Staatsoper gefährdet und ein dauerhaftes festes Engagement, das eine Auswanderung gerechtfertigt hätte, war für die schon 46 Jahre alte Frida Leider in den USA nicht in Aussicht. Weiterhin erlaubt und sogar erwünscht waren aus diplomatischen Gründen Gastspiele in London und Paris. Wer also weiterhin an Auslandsbühnen gastieren wollte, um sich für die Zukunft alle Optionen offen zu halten, arrangierte sich zunächst mit der neuen Berufsordnung, zumal man allgemein annahm, dass die Regierung Hitler ohnehin kaum lange Bestand haben würde. Doch gab es auch wenige Beispiele deutscher Sänger, die sich sofort für das Ausland entschieden, weil sie dort in der Summe die höheren Gagen erzielt hatten. Die prominenten Sänger der Staatsoper Unter den Linden, zu denen neben Rudolf Bockelmann zum Beispiel Frida Leider, Maria Müller, Margarete Klose, Josef von Manowarda, Jaro Prohaska, Marcel Wittrisch und Helge Rosvaenge zählten, erzielten während der 30er Jahre der NS-Zeit die feste Jahresgage von 50.000 Reichsmark. Die Sopranistinnen Maria Cebotari und Erna Sack sowie der Tenor Helge Rosvaenge bezogen für Filmverträge Tagesgagen von 1.200 Reichsmark. Nach Fred K. Prieberg soll Bockelmann für die Saison 1933/34 in Bayreuth 23.100 Reichsmark an Gastspiel-Honorar erhalten haben.[56] Zum Vergleich: Joseph Goebbels ließ der schwedischen Schauspielerin Zarah Leander für ihre ersten drei Ufa-Filme im Zeitraum von Januar 1936 bis Januar 1937 200.000 Reichsmark überweisen, Hans Albers erhielt 1937 für vier Spielfilme insgesamt 700.000 Reichsmark.[57] Revue-Star Marika Rökk – die zuvor am Moulin Rouge in Paris und am Broadway engagiert gewesen war – erhielt bei der Ufa in derselben Zeit eine Ta-

55 Eva Rieger: *Frida Leider. Sängerin im Zwiespalt ihrer Zeit.* Hildesheim 2016. Seite 109.

56 Fred K. Prieberg: *Handbuch der Deutschen Musiker 1933-1945.* Digitale Version. Kiel 2004. Seite 564.

57 Lothar Gall, Gerald D. Feldman, Harold James, Carl-Ludwig Holtfrerich, Hans E. Büschgen: *Die Deutsche Bank. 1870-1975.* München 1995. Seite 89f.

ges-Gage von 1.000 Reichsmark.[58] Dies grenzt eklatant den Stellenwert der elitären Oper während der NS-Zeit gegenüber dem massenwirksamen Kino ab. Mehrere Autoren haben diesen Widerspruch nachgewiesen.[59] Gleichwohl hielt sich der Stereotyp, die führenden Opernsänger hätten besonders profitiert.

In der Welt der Oper erzielte einzig der Dirigent Wilhelm Furtwängler eine Film-Star-Gage. 1934 bekam er 1.000, 1937 2.000 Mark pro Auftritt. 1939 soll er 200.000 Reichsmark verdient haben. Sein Kollege Clemens Krauss hatte an der Bayerischen Staatsoper 1937 dagegen nur 60.000 Mark erzielt. Der Kapellmeister des Frankfurter Rundfunk-Symphonieorchesters hatte sich 1934 und 1935 mit nur 13.000 Mark im Jahr zu begnügen. Unter den Komponisten verdiente Richard Strauss am besten – 80.000 Mark im Jahr 1936. Kollege Hans Pfitzner kam nur auf die Hälfte. Ungleich geringer wurde die Leistung der Musiker honoriert. Hans Ortleb, der erste Geiger der Deutschen Oper Berlin (Charlottenburg), bekam 1939 600 Mark im Monat. In den Jahren 1933 bis 1936 verdienten Orchestermitglieder der Spitzenhäuser zwischen 350 und 450 Mark im Monat. 1936 verdienten allerdings immer noch 80 Prozent der Musiker weniger als 200 Mark im Monat. 20 Prozent der registrierten Musikschaffenden waren arbeitslos. 1933 hatten einige Mitglieder der Berliner Philharmoniker 40 Prozent an Gehaltskürzung hinnehmen müssen. Erst 1938 war der Zustand erreicht, dass die Gehälter in der Musikwelt dem nationalen Durchschnitt entsprachen.[60]

Was Joseph Goebbels seinen Kritikern nicht sagte, war die Tatsache, dass die Filmindustrie in erheblichem Maße auch Einnahmen in Devisen aus dem Ausland sichern half. Bis zum Kriegsausbruch verdienten die deutschen Filmunternehmen auch am Verleihgeschäft in Nord- und Südamerika. Dort waren deutsche Auswanderer und deren Nachfahren die größten Fans, zumal die Spitzenproduktionen auch noch während der Friedensjahre der NS-

---

58 „Villenkampf in Babelsberg". In: *Der Spiegel*. Ausgabe 4/1996 vom 22. Januar 1996.

59 Boguslaw Drewniak: *Theater im NS-Staat. Szenarium deutscher Zeitgeschichte.* Düsseldorf 1983. Seite 152.

60 Michael H. Kater: *The Twisted Muse. Musicians and Their Music in the Third Reich.* Oxford 1997.

Zeit in englisch- und französischsprachigen, aber auch in ungarischen Versionen hergestellt wurden.

An Auftritten deutscher Opernsänger in New York verdienten diese und ihre freien Agenten allein selbst, der deutsche Staat dagegen nichts. Deswegen sollten diese Gastspiele unterbunden werden. Die ideologisch in keiner Weise zu rechtfertigende Diskrepanz in den Honoraren zwischen Opern- und Filmstars unterstreicht Joseph Goebbels unanfechtbare Macht auch gegenüber Gegnern innerhalb der NSDAP, insbesondere aus dem „Reichsüberwachungsamt".

Da das Ensemble der Staatsoper nunmehr im Staatsauftrag im europäischen Ausland wie auch im Inland zu zahlreichen Gastspielen reiste, erhöhte sich die Gage entsprechend, erreichte aber längst nicht die Höhen der Kino-Stars. Dieser Widerspruch ist in der Zeitgeschichtsforschung bis heute weitgehend unkommentiert geblieben. Allerdings konnte man dem Ensemble der Staatsoper keine vergleichbaren Honorare auszahlen wie den Film-Stars, da es eine Vielzahl an Opernhäusern im Reichsgebiet gab und niemand einem Sänger in Stettin hätte glaubhaft machen können, dass sein Talent weniger wiege als das seines Kollegen am Haus Unter den Linden. Innerhalb der Berufsgruppe der Opernsänger standen die Mitglieder der Staatsoper Unter den Linden und der preußischen Staatstheater unter Hermann Görings Ägide bereits an der Spitze. Dennoch bewohnte Rudolf Bockelmann in Berlin keine Villa, sondern lebte in einer gründerzeitlichen Etagenwohnung im gehobenen Wohnviertel am Lietzensee in Charlottenburg.

Warum aber emigrierten die deutschen, christlichen Opernsänger nicht ebenfalls, wenn diese ebenso große Popularität auf den Auslandsbühnen genossen hatten? Die Sänger waren international seit den frühen 20er Jahren gerade in den deutschsprachigen Wagner-Opern gefragt gewesen. Denn in England, Frankreich, Italien, Nord- und Südamerika gab es kaum Opernsänger, die die deutsche Sprache beherrschten und somit auch Wagner nicht routiniert hätten singen können. Für italienischsprachige Opern brauchte man sie indes nicht. Dieses Spektrum konnten die heimischen Sänger allein abdecken. Eine Ausnahme stellte Bockelmanns Kollegin, die Sopranistin Maria Müller (1898-1958), dar, die seit 1925 an der Metropolitan Oper in New York auch in italienischen Werken regelmäßig Erfolg gehabt hatte. Die „deutsche Saison" am Covent Garden in London dauerte vier Wochen. Damit war die Nachfrage beim britischen Publikum nach deutschsprachigen Opern aber auch weitgehend abgedeckt. Die Chance auf einen festen Vertrag im Ausland erschien den meisten deutschen Sängern der Staatsoper wohl zu gering, zumal niemand unter den Spitzenkräften noch unter 35 Jahre alt war. Einigen Opernsängern jüdischer Abstammung gelang in den USA dagegen eine erfolgreiche und andauernde Karriere gerade mit Wagner-Partien sowie auch eine Anschlussverwendung im Universitätsbetrieb. Doch diese Beispiele sollten nicht darüber hinwegtäuschen, dass das an Wagner interessierte Publikum in den USA sich auf wenige Großstädte und auf wenige Häuser konzentrierte, die jeweiligen Sänger häufig schon vor dem Jahr 1933 im Ausland bekannt gewesen waren und Kontakte dorthin unterhalten hatten.

Somit waren die deutschen Sänger auch zu Gefangenen geworden, selbst im deutschsprachigen Raum. Auch Österreich war plötzlich Sperrgebiet. Die Salzburger Festspiele hatten stets auch das Schauspiel im Programm und unterschieden sich somit von den Bayreuther Festspielen schon im Konzept. Im Musiktheater dominierte in Salzburg natürlich Mozart und hier waren erstklassige deutsche Künstler immer vertreten gewesen, so auch der in Hannover geborene Wilhelm Rode, der 1933 den Salzburger Festspielen angeblich aus „voller politischer Überzeugung" seine Rolle in Beethovens „Fidelio" abgesagt hatte. Der Bariton Wilhelm Rode hatte wie Bockelmann seine Paraderolle mit dem Hans Sachs in Wagners „Meistersingern", sang aber im Gegensatz zu Bockelmann auch weit häufiger Mozart (etwa Graf Almaviva in „Hochzeit des Figaro") und hatte ein insgesamt deutlich abweichendes Repertoire. Damals schon 46 Jahre alt, suchte Rode nach einer hochdotierten Anschlussverwendung und wurde tatsächlich Intendant des Opernhauses in Berlin-Charlottenburg. Er galt in der Literatur immer als Paradebeispiel für einen erfolgreichen NS-Karrieristen. Allerdings muss man feststellen, dass nahezu alle Spitzensänger im fortgeschrittenen Alter eine Anstellung dieser Art oder auch eine Professur anstrebten, eine Existenz außerhalb der Musikwelt für sie unvorstellbar schien. Die Furcht vor dem Versagen der alternden Stimme, die blanke Existenzangst trieb Künstler an zu intrigantem Verhalten. Und so soll auch Rode an der Intrige gegen Heinz Tietjen beteiligt gewesen sein, dessen Posten am Opernhaus Unter den Linden er wohl ebenso gerne gehabt hätte wie die Generalintendanz über alle preußischen Bühnen. Gleichwohl sang Rode ebenso wie Bockelmann anspruchsvolle Partien noch über die gesamten 30er Jahre hinweg in Spitzenproduktionen und noch weit in die Nachkriegszeit hinein.

Weil die allerbesten Opernsänger nicht in gleicher Weise verdienten wie die erfolgreichsten Filmidole, versuchte die Spitzenpolitik sie mit Ansehensgewinn und Steuererleichterungen bei Laune zu halten. Zur Eröffnung der Olympischen Spiele waren sie 1936 ins Berliner Stadion geladen. Zur Pariser Weltausstellung wurde 1937 während der „Deutschen Kunstwochen" im September zweimal „Tristan und Isolde" am „Théâtre des Champs-Elysées" gegeben sowie auch zwei Aufführungen der „Walküre" und zwei Opern von Richard Strauss. Es wurde offenbar ein Publikumserfolg und Adolf Hitler lud die Künstler anschließend direkt zum Reichsparteitag nach Nürnberg ein, wobei Furtwängler und Frida Leider nicht mitreisten, Rudolf Bockelmann, Marta Fuchs, Ruth Berglund und Josef von Manowarda aber schon.

Heinz Tietjen und Wilhelm Rode blieben in der NS-Zeit dann unangefochten an der Spitze der beiden Berliner Opernhäuser, wobei Rode noch im Sommer 1943 überraschend abgelöst wurde.[61] Neben Talent, Sinn für das Realisierbare und Ehrgeiz für die Aufgabe stand darin aber auch politisches Kalkül der politischen Führung. Denn um nach den Statuten der neuen Reichsmusikkammer glaubhaft zu erscheinen, musste zumindest an der Spitze der nationalen Opernwelt Kontinuität nachgewiesen werden können. Denn diese sollte sich ja an den traditionellen Zünften und Gilden orientieren, in denen auch vorgeblich nur nachgewiesene Könnerschaft zur Führung qualifizierte. Der NS-Staat hätte sich unglaubwürdig gemacht, wenn er permanente Machtkämpfe an der Spitze

---

61 Werner Bollert: *50 Jahre Deutsche Oper Berlin.* Berlin 1962. Seite 28–30.

der Kultureinrichtungen zugelassen hätte – zumal die große Masse der deutschen Bevölkerung niemals ein Opernhaus von innen sah.

Antisemitismus an den Opernhäusern und dessen Wurzeln

Winifred Wagner suchte über Adolf Hitler ihr Familienunternehmen für die Zukunft zu retten und Adolf Hitler erhoffte sich durch die Bayreuther Festspiele Zuspruch der wohlhabenden Wählerschichten, die bislang der NSDAP ablehnend gegenüber gestanden hatten. Dies erhoffte sich auch Joseph Goebbels als Propagandaminister, dem Rundfunkübertragungen aus Bayreuth als der schnellste und effektivste Weg erschienen, kulturinteressierte Kreise zu erreichen. Noch 1927 hatte Adolf Hitler einen Besuch in Bayreuth abgelehnt, mit der Begründung, dass der jüdische Bariton Friedrich Schorr die Rolle des Wotan singe. Vielleicht aber auch war Hitler 1927 unsicher gewesen, ob sich Bayreuth überhaupt in sein Konzept einpassen ließe und Akzeptanz unter seinen Anhängern haben konnte. Allerdings war auch die Familie Wagner gegenüber jüdischen Künstlern indifferent geblieben. Siegfried Wagner mokierte sich oft abfällig, Winifred Wagner setze vorrangig auf den Marktwert der Stimmen und der Talente. Seit dem Jahr 1923 war Friedrich Schorr Mitglied der Berliner Staatsoper gewesen und von 1925 bis 1931 in Bayreuth aufgetreten. Zuletzt wurde er mit Rudolf Bockelmann als Wotan bei den Festspielen doppelt besetzt.[62] Die beiden waren also Kollegen.

Lange vor dem Machtwechsel wurde öffentlich gegen führende Musiker jüdischer Abstammung, aber auch gegen Vertreter der musikalischen Avantgarde an staatlichen Opernhäusern gehetzt. Gegen Leopold Sachse, seit 1922 Intendant des Hamburger Stadttheaters, der Hamburger Oper, führten mehrere nationalkonservativ gerichtete Zeitungen vergleichsweise frühzeitig eine öffentliche Kampagne, seit er die Erstaufführung von Ernst Kreneks

62 Hannes Heer, Jürgen Kesting, Peter Schmidt: *Verstummte Stimmen. Die Vertreibung der Juden aus der Oper 1933 bis 1945*. Berlin 2008. Seite 26.

Werk „Jonny spielt auf" in Hamburg verantwortet hatte.[63] Das Hamburger Tageblatt ließ sich am 16. Juni 1931 wie folgt aus: „Wir hielten und halten es für einen unmöglichen Zustand, dass Fähigkeiten hin, Fähigkeiten her, ein Jude eine deutsche Opernbühne leitet. Es ist folkloristisch und kulturpolitisch von großem Interesse, einmal festzustellen, wie sich die deutsche Opernkultur in hebräischen Gehirnen spiegelt. Dazu hatten wir in Hamburg nun Gelegenheit genug, dafür sind genug Steuergelder zum Fenster hinausgeworfen worden. Bahn frei der deutschen Kunst."

Dieser Kommentar lässt erahnen, dass Leopold Sachse Neider im Umfeld der Hamburger Oper selbst haben musste, die sich für den Intendantenposten geeigneter hielten. Seine jüdische Abstammung war ein Vorwand, ihn loszuwerden, zumal in jenem Monat der Dirigent und Generalmusikdirektor Egon Pollak als Operndirektor nach Chicago gewechselt war. Noch im Juli 1931 wurde Sachse zum Oberspielleiter degradiert, zumal nun mit Karl Böhm als neuem Generalmusikdirektor ein Karrierist an das Haus geholt worden war, der sich an die neue Zeit geschickt anzupassen wusste; einer, der nach dem Krieg Vorwürfe von Exilanten mit dem Hinweis konterte, er selbst hätte gerne eine Karriere an der New Yorker Met gehabt und habe stattdessen Kriegsalltag erdulden müssen.

Pollak und Sachse hatten lange vor dem Jahr 1933 in Hamburg als „jüdisches Direktorium" gegolten.[64] Als beide in der Spielzeit 1930/1931 mit erstklassigen Sängern des Hauses – darunter Rudolf Bockelmann – eine Gastspielreise mit Wagner-Opern nach Chicago unternahmen, brach in Hamburg eine Kampagne gegen Sachse und Pollak los. Pollak wurde vorgeworfen, das von der Bürgerschaft bezahlte Ensemble zu missbrauchen, um sich in Chicago für das eigene Fortkommen um die Opernintendanz zu empfehlen, eine Tournee in eigener Sache zu betreiben. Hintergrund war auch gewesen, dass das Hamburger Stadttheater während der Weltwirt-

---

63 Gemeint ist hier die Hamburger Erstaufführung. Die Uraufführung des Werks „Jonny spielt auf" war am 10. Februar 1927 im „Neuen Theater" von Leipzig.

64 *Das jüdische Hamburg. Ein historisches Nachschlagewerk.* Herausgegeben vom Institut für Geschichte der deutschen Juden. Göttingen 2006.

schaftskrise Besucher eingebüßt und kommerzielle Konkurrenzbühnen in Hamburg dem Haus zu schaffen gemacht hatten, der Betrieb trotz aller künstlerischen Innovation defizitär geblieben war. Im September 1932 trat dann noch der „Völkische Beobachter" nach einer Inszenierung des „Tannhäuser" nach und schrieb über Leopold Sachses Arbeit: „Es war unerträglich: besser konnte nicht bewiesen werden, dass ein Jude nicht der geeignete Mann für Wagner ist."[65] Leopold Sachse wurde unmittelbar nach dem Machtwechsel 1933 zwangspensioniert und arbeitete seit 1935 an der Metropolitan Opera in New York.

Nachdem Rudolf Bockelmann im Jahr 1932 nach Berlin gewechselt war, waren auch hier die Vorzeichen nicht zu übersehen. An der Staatsoper, zu der neben der Hofoper Unter den Linden auch die Krolloper gehörte, existierte bereits im September 1932 unter den 100 Mitgliedern der „Nationalsozialistischen Betriebszelle" eine hauseigene Liste, die 43 Namen von Kollegen jüdischer Abstammung führte. Dies waren 32 Mitglieder der Oper und jeweils fünf vom Ballett und vom Schauspielhaus am Gendarmenmarkt, dazu ein Bühnenarbeiter. 27 dieser Personen wurden am 1. Juni 1933 entlassen, 18 waren Mitglieder der Oper. Noch vor Gründung der Reichsmusikkammer hatte sich im Juni 1933 freilich mit dem „Kulturbund deutscher Juden" als eingetragener Verein die Selbsthilfevereinigung der betroffenen Künstler in Berlin organisiert. Es war im Grunde eine propagandistische Schlappe, dass sich die diffamierten schneller zu organisieren verstanden, um auf die gesellschaftspolitische Ausgrenzung zu reagieren, als die Diktatur ihre versprochene Berufsorganisation zu bilden im Stande war. 1937 waren reichsweit 180.000 Mitglieder im jüdischen Kulturbund organisiert, die Reichsmusikkammer zählte um die 170.000 Mitglieder.[66]

Zum Präsidenten der neuen und Kraft Gesetz am 22. September 1933 gegründeten Reichsmusikkammer wurde im Herbst 1933 der damals schon 69 Jahre alte Opernkomponist Richard Strauss berufen. Er wollte nach eigenem Bekunden die „Hebung der deut-

---

65 *Völkischer Beobachter* in der Ausgabe vom 11. und 12. September 1932.

66 Fred K. Prieberg: *Musik im NS-Staat*. Frankfurt am Main 1981. Seite 79f.

schen Opernkultur" anstreben. Erreicht werden sollte dies durch eine Verringerung der Aufführung ausländischer Werke, die Zurückdrängung der Operette und die Tilgung der atonalen Musikrichtung, die er als „Schund" betrachtete. Strauss galt als prominentester lebender deutscher Komponist, dessen größte Erfolge jedoch mehr als 20 Jahre zurücklagen. In den 20er Jahren hatte er mit neuen Werken keine vergleichbare Aufmerksamkeit beim Publikum mehr erzielen können wie mit dem „Rosenkavalier" von 1911. Nun erlebte er während der NS-Zeit noch einmal ein unerwartetes Comeback als Komponist weiterer propagandistisch prominent beklatschter Opern, die sogar beim Publikum vergleichsweise wohlwollend ankamen. Strauss hatte schon 1898 die Gründung einer Berufsgenossenschaft für Komponisten angestrebt und trat offensiv für Verwertungsrechte und Tantiemen ein, für eine Berufsordnung, die dem Handwerk gleichgestellt sein sollte. Damit hatte er einer Diskussion zum Erfolg zu verhelfen gesucht, die seit der Revolution von 1849 unter den führenden Kulturschaffenden angestrebt worden war, eine Rechtevertretung für ihren Berufsstand. Ähnliches beanspruchte auch die Reichsmusikkammer und gab vor, sich dafür einzusetzen, dass die Musikschaffenden von ihrer Arbeit eine auskömmliche Existenz haben würden.[67] Die Kammer sollte Standards in Ausbildung und Prüfung für Berufsmusiker entwickeln und ruinösen Wettbewerb und Konkurrenz unterbinden. Dies war freilich auch der zentrale Vorwand, unerwünschte Musiker auszusperren und den freien Musikmarkt einzugrenzen. Denn gleichsam einer mittelalterlichen Gilde sollten jüdische Kollegen keinen Zugang haben, obwohl zu Beginn noch 1.024 „nicht arische" Kollegen zugelassen gewesen waren. Tatsächlich aber ging es um die Kanalisierung des Musikgeschäftes, darum, den freien Markt einzudämmen und die Produktion staatlich überwachen zu können. Die neu entwickelten Normen sollten den Musikmarkt von den „Nichtskönnern" befreien, ihn vordergründig professionalisieren und den „Unfrieden" unter den Musikern beenden helfen. Musik sollte künftig weniger gesellschaftliches Ereignis, sondern „kultisches"

---

67 Heinz Ihlert: *Die Reichsmusikkammer. Ziele, Leistungen und Organisation.* Berlin 1935. Seiten 5-13.

Erlebnis in der Gemeinschaft sein, gleichsam einem sakralen Gottesdienst. Musik sollte kein elitärer Luxus für wenige sein, sondern allen in gleicher Weise zur Verfügung stehen.

Die meisten der im Opernbetrieb beschäftigten Künstler sahen in der Schaffung der Reichmusikkammer wohl zunächst keinen Widerspruch, sondern eine ersehnte Bestätigung ihrer Berufsauffassung. Denn die Opernhäuser beschäftigten ohnehin nur Musiker und Sänger, die eine hochwertige Ausbildung durchlaufen hatten. Da die Oper in den 20er Jahren durch zahlreiche Stile der kommerziellen Unterhaltungsmusik und kommerzielle Bühnen unter Druck geraten war, sah man an den staatlichen Bühnen die NS-Kulturpolitik wohl mehrheitlich als einen Bestandsschutz für die Klassik an. Wer nicht jüdischer Abstammung oder avantgardistischer Komponist war, sah in der vom Nationalsozialismus formulierten Funktion der Musik zunächst sicherlich eine Existenzabsicherung.

Getroffen wurden in den Großstädten die Ensembles der privatwirtschaftlich betriebenen Bühnen, die sich am freien Markt zu behaupten suchten. Die Revuetheater, Varietés, Cabarets und Operettenhäuser boten ein Programm, das dem nationalsozialistischen Konzept nicht dienlich sein konnte. Ziel der Reichsmusikkammer war es, Honorare zu vereinheitlichen und somit natürlich auch Star-Gagen zu verhindern. Mehr noch als die Oper war deshalb die Operette von Einschnitten betroffen.

Bockelmanns Karriereverlauf wurde in der jüngeren Zeit bisweilen verzerrend kolportiert, er als Beispiel eines opportunistischen Aufsteigers genannt, der erst nach dem Fortgang der jüdischen Kollegen eine Karrierechance erhalten habe. Stereotyp behauptet dies etwa die Autorin Eva Rieger in ihrer 2016 erschienenen Biographie über die Sopranistin Frida Leider und wiederholt als Beleg eine Schilderung, dass Bockelmann voll Stolz ein Zigarettenetui herumgezeigt habe, in dessen Inneren eine Widmung Hermann Görings eingraviert gewesen sei.[68] Ähnlich stellte es auch Jan David Schmitz vom Institut für Altertumskunde der Universität

---

68 Eva Rieger: *Frida Leider. Sängerin im Zwiespalt ihrer Zeit.* Hildesheim 2016. Seite 116.

Köln im Jahr 2003 in der Rezension zum „Großen Sängerlexikon“ dar.

Während Schorr an der New Yorker Metropolitan Opera eine neue künstlerische Heimat gefunden hatte, habe der Heldenbariton Rudolf Bockelmann bereitwillig dessen Rollen in Bayreuth und an der Berliner Staatsoper übernommen. Doch habe es ihm offenbar noch nicht genügt, aus dem erzwungenen Weggang seines einstigen Rivalen Kapital zu schlagen, da er 1937 zur weiteren Beförderung seiner Karriere in die NSDAP eingetreten sei und sich als Obmann der NS-Fachschaft Bühne an der Staatsoper Berlin betätigt habe. Daneben habe er ein gutes Verhältnis sowohl zu Göring als auch zu Goebbels gepflegt, was bekanntermaßen recht schwierig gewesen und deshalb nur wenigen gelungen sei. Die Kontakte zu diesen Nazigrößen hätten sich für den Sänger unter anderem in Form von Einladungen zu offiziellen Essen bezahlt gemacht, die Hitler regelmäßig gab.

> „Indes Opportunisten wie Bockelmann sich durch Loyalität und Gefälligkeiten einem faschistischen Regime andienten, das ihnen zum Dank eine gesellschaftliche und künstlerische Anerkennung verschaffte, die ihnen wichtiger war als ihre moralische Integrität, teilten die Exilanten, Verfolgten und Deportierten unter den Sängern das Schicksal von Millionen anderen Menschen in Europa.“[69]

In diesem Beitrag werden Jahrzehnte alte Lexika-Einträge übernommen und abwertend kommentiert, neue Belege oder Dokumente als Beweis aber nicht herangezogen. Inwieweit überhaupt Darbietungen der Opernsänger bei Staatsanlässen diesen extra honoriert wurden, oder ob sie lediglich von der Staatsoper für einen Abend ‚ausgeliehen‘ wurden, darüber gibt es keine eindeutigen Belege.

Diese Behauptungen über Rudolf Bockelmanns Verhältnis zu Friedrich Schorr sind verzerrend und teilweise falsch, denn er musste nicht den Platz eines anderen einnehmen. Er war bereits in-

69 Jan David Schmitz: Rezension zu: Kutsch, Karl Josef; Riemens, Leo (Hrsg.): *Großes Sängerlexikon*. Berlin 2000, in: *H-Soz-Kult*, Kommunikation und Fachinformation für Geschichtswissenschaften. Clio-Online – Historisches Fachinformationssystem e. V. Prof. Dr. Rüdiger Hohls (Herausgeber). Humboldt-Universität zu Berlin. 17.04.2003.

ternational bekannt gewesen und in Bayreuth etabliert, als Friedrich Schorr noch in Deutschland tätig sein konnte.

Vielmehr hatte Friedrich Schorr schon frühzeitig internationale Erfolge und seit 1924 enge Verbindungen in die USA gehabt. Er hatte Deutschland bereits 1931 endgültig verlassen. Er war 1888 in Nagyvárad im Kaiserreich Österreich-Ungarn geboren als Sohn des Hauptkantors der Großen Wiener Synagoge. Seine Karriere als Wagner-Sänger begann 1912 mit der Rolle des Wotan in Graz. Über Prag und Köln kam er 1923 an die Berliner Staatsoper Unter den Linden, der er bis 1931 angehörte. Er gastierte 1923 und 1929–1936 an der Wiener Staatsoper, 1924 bis 1933 an der Londoner Covent Garden Opera, seit 1924 an der Metropolitan Opera New York. Von 1925 bis 1931 sang er die Rollen des Wotan, Wanderer, Hans Sachs und Fliegenden Holländers bei den Bayreuther Festspielen. 1943 gab er als Wanderer in New York seine Abschiedsvorstellung von der Bühne, übernahm aber die Direktion der Manhattan School of Music in New York und brachte an der New York City Opera eigene Inszenierungen von Wagner-Opern heraus.[70]

So kann man keinesfalls behaupten, dass Rudolf Bockelmann seine Karriere zulasten von Friedrich Schorr fortgesetzt habe. Allerdings galt Schorr als der Wagner-Interpret, dem Bockelmann vom Stil her in der Rolle des Hans Sachs am ähnlichsten schien. Als Beleg dafür gilt die Aufnahme der „Meistersinger" aus der New Yorker Metropolitan Oper vom 22. Februar 1936 sowie eine Studioaufnahme von 1931. Eine der wichtigsten gestalterischen Kriterien für Schorr sei es gewesen, Wagner „aus der Melodie heraus" zu interpretieren. Darin waren sich etwa Produzent und Restaurator Richard Caniell und der Musikkritiker Jürgen Kesting einig – ein „edel strömender, sinnprägender Gesang, der bei allem Humor im Detail aber nie etwas Burschikoses an sich hat". Rudolf Bockelmann hatte es ähnlich formuliert und erklärt, er singe in die Melodie hinein. Hintergrund all dieser Überlegungen war der Vorbehalt gegen Wagner, dass seine sich schon im Libretto vielfach holprig lesenden Verse eigentlich nicht singbar seien.

---

70 Jens Malte Fischer: *Große Stimmen. Von Enrico Caruso bis Jessye Norman.* Stuttgart 1993. Seite 241.

Der NS-Staat hatte weitestgehend das Konzert und die Aufführung vor Publikum und den gemeinschaftlichen Chorgesang innerhalb von NS-Gemeinschaften und Jugendorganisationen im Blickfeld und kaum die Vervielfältigung auf Schallplatte, die auch während der NS-Zeit ein Luxusgut blieb. Freilich setzte sich die Reichsmusikkammer mit ihrem Versprechen auch unter Zugzwang und musste die „arischen" Musiker künftig entsprechend beschäftigen und das Marktumfeld schaffen oder zumindest deren Werke gegen Honorar auch tatsächlich abnehmen und verwerten. Soldatenlieder und Märsche bildeten für Komponisten einen Nischenmarkt. Diese konnten auf Schallplatte, im Rundfunk und als Notenheft Absatz finden. Dieser Sektor wurde bald von wenigen dominiert, wie etwa von Herms Niel und Norbert Schultze.

Gerade für die Komponisten des Opernfaches entwickelte sich ein schöpferisches Dilemma. Der NS-Staat wollte die Musik für seine Zwecke kanalisieren, die Musikrichtungen austrocknen, die ihm nicht dienlich sein konnten. Letztendlich gab es aber keine formulierte Idee davon, wie eine deutsche oder eine nationalsozialistische Musik künftig klingen sollte. Man vertraute hier ganz auf die Kreativität der geförderten Kräfte.

Folgerichtig kündigte die Berliner Staatsoper in ihren Programmblättern zur neuen Spielzeit an, den Schwerpunkt auf deutsche Bühnenwerke zu setzen, und warb stolz für die Uraufführung von Paul Graeners neuer Oper „Prinz von Homburg".[71] Was deutsches Theater und was die deutsche Oper überhaupt sei und ausmache, beschäftigte bereits 1767 Gotthold Ephraim Lessing als Dramaturg des damals neu instituierten Hamburger Nationaltheaters, der ersten Bühne, die ausdrücklich die deutsche kulturelle Identität in den Mittelpunkt ihrer Arbeit stellte. Dahinter steckte der Wunsch, eine kulturell eigenständige Identität herauszubilden, dem vom französischen Einfluss geprägten Schauspiel und der italienisch dominierten Oper die Auffassung eines literarisch geleiteten deutschen Sprechtheaters entgegenzusetzen, das Gesang und Ballett zurückdrängte. Dieser Ansatz wird klar, wenn man sich vor Augen hält, dass die Berliner Oper 1742 als „Italienische Hofoper"

71 Staatstheater Berlin. Magazinheft für Abonnenten zur Spielzeit 1934/35.

eröffnet worden war. Die Oper an sich wurde als italienisch angesehen, da ausschließlich auf Italienisch gesungen wurde. Da italienische Opern weltweit als Gipfel höchsten Kunstgenusses galten, gab sich die große Anzahl der durch die deutschen Lande tingelnden Wanderbühnen italienische Namen, um sich den Anstrich von Qualität und Weltläufigkeit zu verleihen. Um 1870 lebten im Deutschen Reich 35.000 Menschen von der tingelnden Volksbelustigung und kaum eine Schauspiel- oder Zirkus-Truppe trat unter deutschem Namen auf.[72] Denn das Publikum war umso spendabler und begeisterungsfähiger, wenn die Artisten scheinbar von sehr weit her kamen und Italien galt als Zentrum professioneller Unterhaltung und sensationeller Attraktionen so wie es später Hollywood für das Kino werden sollte. Auch Rudolf Bockelmann hielt später fest, dass eine seiner lebhaftesten Erinnerungen an seine Kindheit in der Heimatstadt Burgdorf, die mit Musik in Verbindung gestanden hatte, einer Zirkustruppe galt:

> „Auf dem Jahrmarktplatz ‚Vor dem Tore' schlug einmal ein Zirkus seine Turngeräte und primitiven Sitzplätze auf. Wie beneidete ich die kleine, in armseligen, mir aber märchenhaft erscheinenden Flitter gekleidete Seiltänzerin, dass sie jeden Abend so lange aufbleiben durfte, während ich immer viel zu früh ins Bett musste."[73]

Die Diskussion darum, was deutsches Schauspiel und Musiktheater seien, riss nie wieder ab und wurde lange Zeit geleitet durch den Minderwertigkeitskomplex deutscher Dichter, Philosophen und Komponisten, die sich in ihrer Wirkung, Entfaltung und öffentlichen Wahrnehmung eingeschränkt und die Ursache im Fehlen einer deutschen Nation und eines deutschen Nationalstaates sahen. Denn im Nationalstaat, der im Idealfall eine Republik hätte sein sollen, in der Überwindung der vom Adel dominierten Kleinstaaterei, sahen diese die Hoffnung auf einen freien Marktzugang und freie Marktentfaltung. Der fehlende Nationalgedanke wurde als wesent-

---

72 Florian Dering: *Volksbelustigungen. Eine bildreiche Kulturgeschichte von den Fahr-, Belustigungs- und Geschicklichkeitsgeschäften der Schausteller vom 18. Jahrhundert bis in die Gegenwart.* Nördlingen 1986.

73 Staatsarchiv Hamburg. Nachlass Rudolf Bockelmann. Von Bockelmann verfasste „Kindheitserinnerungen 1895-1903". 622-1/223 Nr. 12.

liche Ursache angeführt, dass sich das deutsche Publikum so bereitwillig und begeistert den ausländischen Einflüssen gerade in Theater und Oper hingab und deutsche Bühnenwerke mit einem deutschen Gesang und deutschem Sujet nicht zu vermissen schien. Das Bühnenleben in Deutschland war vielfach abhängig vom Geld und Geschmack des Adels, war oft und vielerorts allein höfisch finanziert. Komponisten waren weithin abhängig allein von deren Geld. So wurde die Theater- und Opernkultur zu einem politischen, kämpferischen Instrument der unteren Stände, mit dem man den Adel angreifen konnte, ohne die herrschenden direkt zu kritisieren. Deshalb wurde auch die wechselseitige Wirkung geschlussfolgert, nämlich, dass die ausländischen kulturellen Einflüsse hinderlich seien zur Herausbildung eines nationalen Selbstbewusstseins.

Die Oper als Gegenstand deutscher Nationalstaatsbildung

Als erste deutsche Nationaloper galt der 1821 am Berliner Opernhaus uraufgeführte „Freischütz" von Carl Maria von Weber. Noch Jahrzehnte später wurde sie in der öffentlichen Diskussion als das Musterbeispiel einer deutschen Oper empfohlen, da kaum weitere Werke mit deutschem Schauplatz und Handlungsrahmen entstanden, die vom Publikum in gleicher Weise gefeiert wurden. Bis 1937 gab es 852 Aufführungen allein am Berliner Haus Unter den Linden und die Oper war nach „Carmen" von Bizet dort das meistgegebene Werk. Mozart hatte zu jener Zeit im frühen 19. Jahrhundert zwar als Komponist deutschsprachiger Abstammung gegolten, zum Beispiel mit „Die Zauberflöte" eine Oper in deutscher Sprache vom Librettisten Emanuel Schikaneder schreiben lassen. Gerade aber seine im Original in italienischer Sprache von Lorenzo Da Ponte verfassten Werke „Le nozze di Figaro", „Cosi fan tutte" und „Don Giovanni" wurden als rein italienisch geprägte Opern empfunden. Beethovens „Fidelio" von 1805 wies zwar ein deutschsprachiges Libretto auf, spielte aber in Spanien. Georg Friedrich Händel hatte alle seine 42 Opern im Italienischen verfassen lassen. Besonders im Gegensatz zur Symphonie erschien die Oper als solche weiten Teilen der Öffentlichkeit generell nicht als deutsche, sondern als eine italienische und französische Musikgattung.[74]

Gleichzeitig entwickelte sich der Wunsch nach einer nationalen Kultur zu einer sozialen und revolutionären Frage vieler liberaler Geister. Demokratie und bürgerliche Freiheitsrechte erschienen nur auf der Ebene des Nationalstaates nach Überwindung der Kleinstaaterei umsetzbar zu sein, die jedoch der herrschende deutsche Adel nicht infrage stellen mochte. „Sie sprechen nicht die Sprache des Volkes", war eine wörtlich zu nehmende Kritik, nämlich, dass die Interessen der deutschen Bauern und der deutschen Handwerker an den Höfen der Herrschenden nicht wahrgenommen wurden. Eine Oberschicht, die auf diplomatisch internationaler Ebene und untereinander auf Französisch kommunizierte und italienischsprachige Singspiele konsumierte, konnte keinen Bezug zu den eigenen Untertanen entwickeln. Die deutsche Sprache in der Kultur durchzusetzen, wurde also als gesamtgesellschaftliches und auch sozialpolitisches Interesse auf dem Weg hin zu Gleichheit, Einheit und Gerechtigkeit wahrgenommen. Als Gegenbild zur ausländisch geprägten „höfischen Kultur" des Adels wurde eine deutschsprachige „völkische Kultur" des Volkes gefordert. Die Kultur wurde zu einem schlagkräftigen Argument, um den Adel unter Druck zu setzen. Indem man dessen Kunstgenüsse diskreditierte, konnte man Forderungen erheben, ohne direkt den revolutionären Umsturz anzudrohen. In den 1840er Jahren entwickelte sich daraus eine lang anhaltende Kampagne für die deutsche Kultur und die Bekämpfung fremdsprachiger Einflüsse. Das Ziel war, den Adel politisch zu schwächen und über die Kultur den Willen des Volkes hin zu mehr Liberalität und Demokratie zu stärken. Die Oper wurde zu einem Politikum – bald auch mit antisemitischem Charakter. Neid und Missgunst führten innerhalb der Musikwelt dazu, jüdischen Komponisten deutscher Herkunft wie Giacomo Meyerbeer vorzuwerfen, ihre Werke seien zu sehr von ausländischen Moden und Einflüssen geprägt und würden die deutschspra-

---

74 Natalia Nicklas: „Nationalisierung der deutschen Oper im späten Vormärz 1840-1848." In: *Beihefte zum Archiv für Musikwissenschaft.* Band 79. Stuttgart 2017. Seite 48.

chigen Kulturschaffenden an den Rand drängen. Dieser Stereotyp hielt sich beinahe über ein Jahrhundert.

1927 schrieb der Universitäts-Professor Max Koch aus Breslau in dem Beitrag „Richard Wagners geschichtliche völkische Sendung“:

> „So hart es uns ankommen mag, wir müssen, wollen wir nicht grober Selbsttäuschung verfallen, gestehen, dass wir trotz aller Bemühungen von Lessing bis Wagner heute, wenn wir von den Bayreuther Festspielen absehen, von einem wirklichen Nationaltheater entfernter sind als je. Das muss jeder Blick in die Spielpläne der in Deutschland führenden Bühnen - die Bezeichnung deutsche Bühnen ist ja aus Scham besser zu vermeiden - leider bestätigen.[75] Die neuen Wagnerhasser hatten noch bereits während des Weltkriegs von Berlin aus mit einer Meyerbeer-Renaissance eingesetzt. Das Breslauer Stadttheater zum Beispiel hat trotz andauernder Geldknappheit im Winter 1926/27 sieben Opern des italienischen Maestros Verdi völlig neu ausgestattet. Fast gefährlicher indessen noch als all die offenen Gegner (Wagners) sind jene sich grenzenlos erdreistenden übermodernen Intendanten und Spielleiter, die ihren geradezu herostratischen Ehrgeiz darin setzen, in allem das gerade Gegenteil von den Vorschriften des doch wahrlich bühnenkundigen und unzweideutig seinen wohlerwogenen Willen kündenden Meisters (Wagner) zu verfügen.“[76]

Konservativen Opernbesuchern waren moderne Inszenierungen von Wagner-Werken mit neuen Ideen der Regie suspekt. Sie sahen darin eine Verunglimpfung. Giacomo Meyerbeer war einer der erfolgreichsten und populärsten deutschen Opernkomponisten des 19. Jahrhunderts und derjenige Komponist, gegen den sich Richard Wagner vor allem abzugrenzen und abzuheben gesucht hatte.[77] Höher als Meyerbeer konnte man als Komponist in Berlin und Paris nicht aufsteigen. Zeitweilig stand sein Name als Synonym für den höchsten Erfolg in der Opernwelt. Meyerbeer wirkte in Berlin und Paris und vereinigte die Auffassungen des deutschen, französi-

75 Max Koch: „Richard Wagners geschichtliche völkische Sendung.“ In: *Pädagogisches Magazin.* Schriften zur politischen Bildung. Heft 1164. Langensalza 1927. Seite 25.

76 Max Koch: „Richard Wagners geschichtliche völkische Sendung.“ In: *Pädagogisches Magazin.* Schriften zur politischen Bildung. Heft 1164. Langensalza 1927. Seite 20.

77 Sabine Henze-Döhring: *Giacomo Meyerbeer. Der Meister der Grand Opéra.* München 2014.

schen und italienischen Musikgeschmacks. In allen drei Sprachen brachte er Werke heraus, so 1811 in Berlin „Ein Feldlager in Schlesien“. Er schuf quasi europäische Universalopern, die in allen Ländern in gleicher Weise gut ankamen. An der Berliner Oper Unter den Linden wurden bis 1933 1.374 Aufführungen von Meyerbeers Werken gegeben. Meyerbeer war in der Nähe Berlins geboren und seit 1842 Generalmusikdirektor der Berliner Oper. Er war in der Berliner wie in der Pariser Gesellschaft etabliert und hoch angesehen. Eine Mischung aus Bewunderung, Neid und Missgunst charakterisierte das Verhältnis Richard Wagners zu Giacomo Meyerbeer. Einerseits sah sich Wagner überaus durch Meyerbeer inspiriert und bestätigt, andererseits sah er in dessen Werken eigene Ideen vorweggenommen und verwirklicht, empfand ihn zunehmend als Konkurrent und Wettbewerber. In Richard Wagners berühmt berüchtigtem antisemitischem Pamphlet „Das Judentum in der Musik“ von 1850 arbeitete Wagner seinen Groll vor allem wohl an der jüdischen Herkunft Meyerbeers ab, der kommerziell erfolgreich war, dem klammen Wagner aber trotz devoter Bittgesuche materiell nicht hatte unterstützen wollen. Die Ursache für die eigene wirtschaftliche Misere sah Wagner gleichsam einem Verschwörungstheoretiker in einer scheinbaren Übermacht jüdischer Künstler, die seinen eigenen Erfolg verhinderten. Für diese Sichtweise hatte es zur Zeit der Revolution von 1849 zahlreiche Blaupausen gegeben. Der Schriftsteller und Abgeordnete der deutschen Nationalversammlung Ernst Moritz Arndt (1769-1860), der sowohl als Demokrat, Freiheitskämpfer und Patriot galt, schrieb zur „Reinheit des deutschen Volkes“:

> „Die Deutschen sind nicht durch fremde Völker verbastardet, sie sind keine Mischlinge geworden, sie sind mehr als viele andere Völker in ihrer angeborenen Reinheit geblieben und haben sich aus dieser Reinheit ihrer Art und Natur nach den stetigen Gesetzen der Zeit langsam und still entwickeln können; die glücklichen Deutschen sind ein ursprüngliches Volk; jedes Volk wird nur dadurch das Beste und Edelste werden und das Beste und Edelste hervorbringen können, dass es immer das Kräftigste und Schönste seines Stammes ausliest und mit einander zeugen lässt.“

Hieraus spricht die damals populäre und als revolutionär empfundene Sichtweise des Atheismus und Sozialdarwinismus, die sich aus Charles Darwins naturwissenschaftlichen Betrachtungen zur Evolution ableitete und die biblische Schöpfungsgeschichte negierte.

Es sind weitere Zitate Arndts überliefert, die quasi als Vorlage für den Rassismus und Antisemitismus der Nationalsozialisten 100 Jahre später erscheinen, und tatsächlich galt er ihnen als Vordenker.[78] Von Arndt sind auch folgende Aussprüche bekannt: „Wer seine Sprache nicht achtet und liebt, kann auch sein Volk nicht achten und lieben." Sowie: „Ein Volk, das sich einem fremden Geist fügt, verliert schließlich alle guten Eigenschaften und damit sich selbst."

Die deutsche Sprache war in Deutschland die Sprache der einfachen Leute, der Bauern und der Handwerker. Ein plattdeutsch sprechender Bauer aus dem Königreich Hannover konnte sich nicht mit einem Allgäuer verständigen. Das Hochdeutsch wurde noch nicht einheitlich gelehrt. Der in den Territorien herrschende Adel war über die Grenzen hinweg mit europäischen Häusern verwandt und pflegte die französische Sprache als Universalsprache so wie Latein, das die Universalsprache der Gebildeten des Mittelalters war. Die Stände grenzten sich also auch durch ihre Sprache zueinander ab. Arndts Kritik richtete sich also indirekt als Warnung an die Herrschenden, den Bezug zum eigenen Volk nicht zu verlieren. Die Kunstwelt und insbesondere die Welt des Theaters und der Oper galt als Refugium des herrschenden Standes, der buchstäblich nicht die Sprache des Volkes sprechen und hören wollte, sondern sich lieber in Fremdsprachen verständigte.

Die Bildung eines deutschen Nationalstaates erschien 1849 weit mehr aus volkswirtschaftlichen als aus kulturellen Überlegungen vernünftig. Ein einheitlicher Binnenmarkt mit einheitlicher Währung und ohne Zollschranken hätte allen Gesellschaftsschichten zu Wachstum und Wohlstand verholfen. Wandel durch Handel. Dem standen die Machtinteressen der Territorien und des herr-

---

78 Christian Jansen: „Ernst Moritz Arndt". In: Michael Fahlbusch, Ingo Haar, Alexander Pinwinkler (Hg.): *Handbuch der völkischen Wissenschaften. Akteure, Netzwerke, Forschungsprogramme.* Unter Mitarbeit von David Hamann. Zweite Auflage. Teilband. 1. Berlin/Boston 2017. Seite 39-43.

schenden Adels entgegen, deren nackte Existenz an der Kleinstaaterei und im überkommenen Absolutismus hing. So wurde in propagandistischer Absicht von den revolutionären Kräften die Gefahr einer kulturellen Überfremdung von außen und innen heraufbeschworen, um politisch Druck von unten auszuüben. Arndt war von dieser Gefahr überzeugt, denn er bezog sich auf Erfahrungen aus der Zeit der napoleonischen Besatzung und der Freiheitskriege. Die meisten und wichtigsten seiner Schriften stammen aus jener Zeit. Vor diesem Hintergrund sprach er sich aber auch entschieden gegen Krieg als politisches Mittel aus und klang dabei wiederum pazifistisch. Da gerade der Adel und die in Deutschland Herrschenden traditionell die primären Förderer der französisch und italienisch beeinflussten Künste waren, zielte diese Kritik direkt auf diese, ohne sie beim Namen nennen zu müssen. Die Frage, was eine deutsche Kultur und Identität ausmachen könnte, machte Arndt an der deutschen Sprache fest. Er war nur einer von zahllosen publizistisch und politisch tätigen Kulturschaffenden, die im 19. Jahrhundert die Frage nach dem Inhalt und dem Charakter einer spezifisch deutschen Kultur mit dem Ziel der Demokratisierung und Liberalisierung vorantrieben. Das zentrale Element, um Gleichheit und Gerechtigkeit für alle herzustellen, sahen diese in der Fokussierung auf die deutsche Sprache.

Die Popularität ausländischer Opern beim deutschen Publikum führte in den 1840er Jahren zur Diskreditierung dieser durch Publizisten, Musiker und Kritiker, die gerade französische Werke als unmoralisch, unsittlich, schlüpfrig verdammten, der leichten Unterhaltung zugeordnet. Der in Frankreich beliebten Komischen Oper wurde ein künstlerischer wie kultureller Wert abgesprochen. Stein des Anstoßes etwa waren Liebesszenen oder Rendezvous während der Nacht. Kriterien wurden formuliert, wie eine „neue deutsche Oper" öffentlich gefördert werden könnte und gestaltet sein sollte. Verbreitet war die Überzeugung, dass nur ein nationales politisches Zentrum das erforderliche künstlerische Potenzial zu bündeln in der Lage sei, so wie es in London oder Paris zu beobachten gewesen war. Das schlechte Image der deutschen Oper bei Kritik, Publikum und an den Opernhäusern selbst wurde auf die Kleinstaaterei zurückgeführt, die das Entstehen anspruchsvoller, aufwendiger Werke nicht zuließe.[79] Letztendlich, und das wurde stets nicht ausgesprochen, ging es nicht nur um Marktanteile, sondern auch um die Honorarvorstellungen deutscher Komponisten und um die Budgets für ihre Produktionen. Man glaubte, dass erst der Nationalstaat nationale Opernerfolge deutscher Werke möglich machen würde, die an einer Vielzahl von Theatern nachgespielt werden und deshalb entsprechend Geld erwirtschaften würden.

Als deutsches Opernwerk wurden nur solche angesehen, die von einem deutschstämmigen Komponisten in deutscher Sprache auf Basis eines deutschsprachigen Original-Librettos geschrieben worden waren. Herrscher aus der deutschen Geschichte und ihr heroisches, vorbildliches Handeln wurden ein beliebtes Thema, wobei die Kritik die Umsetzung vielfach als „langweilig" abtat, Handlung, Gesang und Musik als missglückt und die „Fasslichkeit" infrage stellte, also die inhaltliche Verständlichkeit. Bemängelt wurde die Statik der historischen Figuren, die als Charaktere keine Individualität erkennen ließen. Deutsche Komponisten gaben offenbar der Harmonie Vorrang, also dem Orchester, und weniger der Melodie und dem Gesang. So mangelte es den meisten heute vollkommen vergessenen und teils verschollenen Werken an Liedern mit Ohrwurmcharakter. Kritisiert wurde an den Kompositionen oft „Effekthascherei", worunter der Gebrauch von Dissonanzen, also Kontrasten, verstanden wurde, einem spielerischen, raschen Wechsel zur Unterstützung szenischer Dramatik, die also auch als „Geräuschkulisse" zum Aufbau von Spannung gedacht war – also ein modernes Stilmittel. Dies wurde als eine aus der Verlegenheit geborene, sinnfreie Originalität kritisiert, wobei die Diskussion ähnlich heftig geführt wurde, wie 90 Jahre später, während der NS-Zeit, zum Thema der „Atonalität". Die öffentliche Debatte über die Zukunft der deutschen Oper war in der ersten Hälfte des 19. Jahrhunderts aufgeheizt. Die deutsche Oper sollte die populären italienischen Kassenschlager nicht kopieren. Erwartet wurde eine höhere Ernsthaftigkeit, eine tiefere nationale und moralische Bot-

79 Natalia Nicklas: „Nationalisierung der deutschen Oper im späten Vormärz 1840-1848." In: *Beihefte zum Archiv für Musikwissenschaft.* Band 79. Stuttgart 2017. Seite 50ff.

schaft im Libretto. Gleichzeitig aber verlangte man nach einer neuen deutschen Idee in der Melodie, also einem Gesang, der geistreich im Text, aber auch erbaulich war, den Zuhörer in Stimmung und Laune versetzte. Bisweilen regte man das Volkslied als Vorbild an. Richard Wagner war zeitlebens Zeuge und Mitwirkender dieser Debatten und kam zu der Erkenntnis, dass Personen und Ereignisse der deutschen Geschichte für die Umsetzung untauglich waren, Komponisten und Librettisten einengte, zumal es damals unmöglich war, selbst historische Könige und Kaiser kritisch oder mit negativen Eigenschaften und Verhaltensweisen behaftet darzustellen. Die Mythen- und Sagenwelt bot mehr Freiraum, mehr Gestaltungsmöglichkeiten für Figuren, Charaktere, Handlung, Gesang und Orchester, um diese gleichberechtigt zur Geltung zu bringen.

Nach dem Ersten Weltkrieg brach die Frage nach der deutschen Oper wieder auf, denn die Ständegesellschaft war mit der Republik außer Kraft gesetzt. Das gesellschaftliche Gefüge sortierte sich neu, etablierte Kräfte sahen sich deklassiert, durch die Weltwirtschaftskrise durch neue Konkurrenz von innen und außen bedroht. Die von der nationalsozialistischen Bewegung aufgegriffenen Schlagworte waren teils damals schon 100 bis 160 Jahre alten Schriften entnommen. Es wurde nun so dargestellt, dass dieselben Kräfte, die einst der Bildung einer deutschen Nation entgegengestanden hätten, diese nun durch die Republik zu Fall bringen wollten. In der Zeitgeschichtsforschung ist insgesamt viel zu wenig berücksichtigt worden, dass nach dem Ersten Weltkrieg die gleichen Meinungen losbrachen wie nach der napoleonischen Zeit.

Musik in Rudolf Bockelmanns Kindheit

Wie Rudolf Bockelmann in Kindheit und Jugend während der wilhelminischen Epoche von musikalischen Eindrücken beeinflusst wurde, darüber hat er selbst einige Erinnerungen festgehalten. Zum Teil fallen seine Schilderungen sehr detailliert aus, so dass sie hier nicht umfänglich zitiert werden sollen, abgesehen von den Aspekten, die ihn zur Musik und zur Bühne hin führten. In der Kindheit erlebte Bockelmann Musik als etwas sehr Gegensätzliches. Als Sohn eines Lehrers war es selbstverständlich, dass er Klavierunterricht bekam und im Kirchenchor sang. Musische Erziehung und Chorgesang waren durchgängig auch später im Unterricht des Celler Gymnasiums gegenwärtig. Dieser orientierte sich am Ideal der klassischen Musik. Gerade aber die Musik, die er bei außerschulischen Anlässen mitunter zufällig auf den Straßen und bei Festen in Burgdorf vernahm, hinterließ scheinbar einen genauso bleibenden Eindruck. Aus diesen Beobachtungen zu vielfältigen Darstellungsformen und zur Wiedergabe der Musik resultiert vielleicht Bockelmanns häufig humorvolle und gelassene Herangehensweise, bei der er aber niemals den Ehrgeiz zu höchster Vollendung aus dem Blickfeld ließ. Auch sein bescheidener, vergleichsweise genügsamer familiärer Lebensstil dürfte auf seine Herkunft in gesicherten und geordneten Verhältnissen zurückzuführen sein.

Nach Bockelmanns Aufzeichnungen zog die Familie im Herbst 1895 aus Bodenteich nach Burgdorf. Die Familie bezog das Obergeschoss eines Fachwerkhauses in der Hinterstraße beim Schuhmachermeister Heinrich Friedrich Bohnemann. Burgdorf war eine kleine Kreisstadt, die in ihrem Kern von Handwerkern und Händlern geprägt war. Schräg gegenüber wohnte und wirkte der Buchbindermeister Block. Für den Vater war der Umzug eine Verbesserung, denn das Schulgebäude in Burgdorf war bereits massiv aus Ziegelstein errichtet und erschien als moderner städtischer Bau. Rudolf war Einzelkind und blieb dies auch. Auf diesen Umstand führte er später seine vorherrschende Ängstlichkeit zurück. Die Bindung zum Vater und der Wunsch, dessen Erwartungen zu erfüllen, prägten ihn gerade nach der Einschulung. Von Rudolf wurde verlangt, dass er sich in der Schule als Sohn eines Lehrers mustergültig benahm und dort nicht auffiel. Erst später entdeckte Rudolf, dass der Vater die Zeiger der Stubenuhr immer eine halbe Stunde vordrehte, um den Sohn überpünktlich zur Nachtruhe zu schicken. Musik war im kleinstädtischen Leben des ländlich geprägten Burgdorfs nach Bockelmanns Erinnerung eher selten gegenwärtig und gerade deshalb nahm der kleine Rudolf jede einzelne Begegnung mit Musikanten umso intensiver in sich auf.

Mit Spielkameraden erkundete Rudolf die nahe Umgebung, erinnerte sich an abenteuerliche Spiele an der Heeßeler Wallburg westlich von Burgdorf, besuchte mit dem Vater die Sorgenser

Windmühle auf einer leichten Anhöhe im Norden. Der Brand eines Ackerbürgerhauses, aus dem die Bewohner die Betten aus den Fenstern warfen, beschäftigte ihn ganz besonders, und er sorgte sich tagelang, ein ähnliches Schicksal erleiden zu müssen, und ihn bekümmerte die Frage, wo die obdachlose Familie nun schlafen würde. Mit dem Ackerwagen ging es über Stunden hinaus zum Forsthaus im Burgdorfer Holz. Das Plündern von Obstbäumen im Garten des Försters war ein Erlebnis, an das sich Bockelmann noch 40 Jahre später gerne erinnerte. Zeittypische stereotype Vorurteile reflektierte er einerseits selbstironisch, ohne sich andererseits unbedingt davon zu distanzieren.

Einen bleibenden Eindruck hinterließen auch „echte Zigeuner mit Tanzbär und Äffchen, Drehorgelmänner und Invalide, die ich nicht mochte, weil sie falsch bliesen. – Vor denen ich eine höllische Angst hatte, seitdem weit und breit erzählt und im Burgdorfer Kreisblatt berichtet worden war, dass Zigeuner aus einem Dorfe bei Hannover ein Kind mitgenommen hätten. – Als einziger, der ich war und blieb, war ich in manchem ein kleiner Bangbüx."

Die Familie zog nach wenigen Jahren um in die Straße der Hannoverschen Neustadt in das Haus beim Gold- und Schmiedemeister Tappe. Bald war die „ganze Stadt in ungeheurer Aufregung als bei Tappe drei Kästen goldene Trauringe gestohlen worden waren".

Ab sieben Jahren erhielt Rudolf bei seinem Vater Klavierunterricht.[80] Später war er von dem Erfolg wenig überzeugt: „Der Vater war alles andere als ein Klavierpädagoge."

Der Phonograph im Schaufenster beim Kaufmann Ladjen Rohde, Kolonialwaren und Delikatessen, in einem der drei Schaufenster ausgestellt, faszinierte ihn umso mehr.

> „Hauptquelle meiner ersten musikalischen Freuden war aber Gustav Mahlmann und seine Burgdorfer Stadtkapelle. Er war wohl die populärste Persönlichkeit der Stadt. Von Bier und Schnaps gerötetes Gesicht, Kaiser-Wilhelm-Schnurbart und Trompeterfliege in Haases Garten Abonnementkon-

---

80 Staatsarchiv Hamburg. Nachlass Rudolf Bockelmann. Maschinell verfasste Erinnerungen über die Kindheit in Burgdorf in den Jahren 1895 bis 1903. Vermutlich verfasst während des Jahres 1945 oder in den Jahren danach. 622-1/223 Nr. 12.

zert mit ‚Die Post im Walde' und ‚Das Weserlied'. Und wenn ich erzähle, dass noch heute im Berliner Staatsorchester ein tüchtiger Mann sitzt, der bei Gustav Mahlmann angefangen hat, so beweist das nur, dass ich meine eigenen musikalischen Erlebnisse der Jugendzeit keinem Unwürdigen verdanke."

Besonders detaillierte Erinnerungen schilderte Bockelmann auch über das Burgdorfer Schützenfest und die Besonderheiten seines Ablaufs über mehrere Tage. Um die Jahrhundertwende war es ein Ereignis, an dem jeder Einwohner der Stadt teilhaben konnte. Musikalische Eindrücke prägten sich ihm auch auf dem Rummelplatz ein.

„Das Burgdorfer Schützenfest war ein Volksfest im heutigen Sinne. Einmal gab es ein besonders modernes Karussell, von dem ich nicht wegzubringen war. Es hatte ein volltönendes Orchestrion, das den ‚Fackeltanz'[81] von Meyerbeer, die Ouvertüre ‚Zampa'[82] spielte. Das freute mich."

Interessant ist hier, dass der junge Bockelmann die Melodien der Jahrmarktorgel derart in sich aufnahm, dass er diese später aus der Erinnerung Giacomo Meyerbeer zuordnen konnte.

Im Alter von elf Jahren wurde Rudolf Bockelmann 1903 an der Quinta des Königlichen Gymnasiums in Celle aufgenommen. Da es in Burgdorf kein Gymnasium gab, fuhren die Schüler täglich mit dem Zug nach Celle. Über seine Jahre am Celler Gymnasium schrieb Bockelmann später ebenfalls Erinnerungen auf unter dem Titel „Die Musik und ihr Einfluss". Von diesem maschinengeschriebenen Papier ist im Staatsarchiv Hamburg aber nur noch der erste Absatz erhalten. Offenbar umfasste das Dokument weit mehr Seiten.

„Der gemischte Schulchor unseres Gymnasiums konnte sich infolge relativ geringer Schülerzahl keinen großen Aufgaben stellen, wie sie an großen Schulen in Hannover zum Beispiel auch damals schon gang und gäbe waren. Sein Leiter war Herr Bellersen[83], den ich in der Quinta, wo er Rechnen und Naturgeschichte gab, ob seiner von uns allen sehr gefürchteten Strenge nicht gut leiden konnte, den ich aber später als Musiklehrer achten und schätzen lernte, zumal er meine Begabung genau erkannte und würdigte.

81 Fackeltanz von Giacomo Meyerbeer, B-Dur Nr. 1 für Blasorchester.

82 Zampa. Komische Oper von Ferdinand Hérold aus dem Jahr 1831.

83 Gymnasiallehrer Dietrich Bellersen.

Von größeren Aufführungen des Schulchores, in dem ich im Alt mitsang, ist mir in besonderer Erinnerung die des ‚Liedes von der Glocke' von Ramberg, sowohl weil ich damit das erste größere musikalisches Werk besser lernte, dessen Einzelteile ich zu Hause am Klavier genau vorführte, als auch mein erstes ‚Solo-Auftreten' darin erfolgen sollte. Es sollte, aber es kam nicht dazu."

An dieser Stelle bricht der Text bereits ab. Obwohl oder gerade weil Musik während jener Zeit ein rares Gut war, war der junge Bockelmann davon fasziniert, und zwar von den gut ausgebildeten Musikern genauso wie von den freien fahrenden Artisten und Schaustellern.

Neue Opern und Operetten der NS-Zeit

Der NS-Staat verwies gerade in den ersten Jahren der Diktatur auf Wagner, um das Wohlwollen und die Zustimmung der bürgerlichen und gebildeten Kreise zu gewinnen. Als „Köder für die kritische Hörerschaft" bezeichnete der Autor Ingo Fulfs Opernübertragungen im Rundfunk.[84] Die „Meistersinger von Nürnberg" gaben quasi die symbolische Rechtfertigung zur Gründung der Reichsmusikammer als eine Zunft der Musikschaffenden. Somit sollte der Wagner-Kult gerade auch die deutschen Künstler für die NSDAP begeistern helfen. Dies offenbart ein gewisses Maß an Unsicherheit, was man sich zu fordern getrauen konnte, und legt nahe, dass der NS-Staat bei entsprechendem Widerspruch durchaus zu bekämpfen gewesen wäre. Eine Propaganda-Oper, die der NS-Bewegung buchstäblich eine Bühne zur authentischen Selbstdarstellung gegeben hätte, wurde von vornherein abgelehnt und nicht gefordert. Die neu zu komponierende Gegenwartsoper sollte lediglich eine versteckte Propaganda transportieren und nach Wunsch des Propagandaministers dahingehend erzieherisch wirken, dass ihre Themen „heroisch", „stählern" und „mitleidlos" herüberkämen, um an Tugenden zu appellieren, die in heldenhafter Romantik der Kriegsbegeisterung förderlich sein könnten und diese verklärten. Der Zuschauer sollte hier metaphorisch das Schicksalhafte vermittelt bekommen und sich mit dem Geschehen identifizieren können. Mu-

84 Ingo Fulfs: *Musiktheater im Nationalsozialismus.* Marburg 1995. Seite 66.

sikalisch wurden gar keine Ideen formuliert.[85] Als Verlegenheitslösung bot sich die „Volksoper“ an, also der Zugriff auf folkloristische Melodien in Anlehnung an Heimatgesänge und Bauerntänze, sowie die märchenhafte Oper. Norbert Schultze, Komponist des Weltkriegsschlagers „Lili Marleen“, erzielte 1936 mit der Märchenoper „Schwarzer Peter“ die mit Abstand erfolgreichste „NS-Oper“ nach Richard Strauss' „Arabella“ von 1933. „Schwarzer Peter“ kam bei reichsweit sechs Spielzeiten auf 724 Aufführungen, „Arabella“ bei zehn Spielzeiten auf 848. „Arabella“ galt und gilt vielfach als eine Variation und Eigen-Kopie von Richard Strauss' „Rosenkavalier“ von 1911. „Schwarzer Peter“ war eine Inszenierung an der Staatsoper Hamburg und basierte auf dem niederdeutschen Märchen „Erica“ von Heinrich Traulsen aus dem Jahr 1905. Die von Joseph Goebbels gewünschten Attribute fanden sich hier jedoch in keiner Weise. Auf Rang vier der „NS-Opern“ kam „Schneider Wibbel“ von Mark Lothar, die im Mai 1938 an der Staatsoper Berlin herauskam und auf dem gleichnamigen und vielfach verfilmten Lustspiel von Hans-Müller Schlösser aus dem Jahr 1913 basierte. Das Libretto siedelt die Handlung im Rheinland zur napoleonischen Zeit an und endet mit der Völkerschlacht bei Leipzig. „Schneider Wibbel“ kam bei fünf Spielzeiten auf 201 Aufführungen und verdankte ihre Beliebtheit dem von Witz geprägten Libretto, den heiteren Melodien und eingängigen Gesängen und volkstümlichen Tänzen. Musikalisch am Volkslied orientierte sich auch das Seefahrer- und Südseedrama „Enoch Arden“ von Ottmar Gerster, das 1936 in Düsseldorf Uraufführung erlebte und bei sechs „NS-Spielzeiten“ auf 515 Aufführungen kam. Sie enthielt Tänze wie die Polka, konnte jedoch für den Zuschauer keinen Bezug zur Ideologie herstellen. Unter den „Top-Ten“ der „NS-Opern“ konnte Richard Strauss drei Werke platzieren, neben „Arabella“ noch „Daphne“ und „Friedenstag“, die beide im Jahr 1938 in Dresden und München herauskamen, wobei mit „Friedenstag“ nur noch 112 Aufführ-

[85] Hans-Günter Klein: „Musik der Oberen. Zur Komposition neuer Opern 1933-1944“. In: *Musik und Musikpolitik im faschistischen Deutschland.* Herausgegeben von Hanns-Werner Heister und Hans-Günter Klein. Frankfurt am Main 1984. Seite 145-168.

rungen in vier Spielzeiten verbucht wurden. Rudolf Bockelmann sang die Rolle des Holsteiner in der Erstaufführung der Berliner Staatsoper. Sie wurde hier jedoch nur zwischen März und Juni 1939 an sechs Abenden gespielt[86] und galt musikalisch als eine Replik von Beethovens „Fidelio". Die Oper basierte auf Pedro Calderón de la Barcas Drama „Die Kapitulation von Breda" aus dem 17. Jahrhundert und wurde eingedeutscht und in den Rahmen des Dreißigjährigen Krieges und des Westfälischen Friedens gebettet. Komponisten der NS-Zeit suchten als Alternative also auch heroische und kriegerische Stoffe vor dem historischen Hintergrund vergangener Jahrhunderte. Im Vergleich zu Verdi, Puccini, Mozart und Wagner allerdings fielen die Komponisten der neuen Opern in den Spielplänen der deutschen Opernhäuser während der NS-Zeit nicht sonderlich auf. Ihre Werke staffierten quasi ein Alibi-Programm aus, auf das die Propaganda und die Ideologen verweisen konnten. Insgesamt waren es Werke, die aus der Verlegenheit heraus entstanden waren. Die Propaganda hatte keine Ziele formuliert und deshalb ein schöpferisches Vakuum geschaffen. Hauptzielsetzung der Komponisten war es deshalb scheinbar, ideologisch keinen Fehler zu machen. Ein Wachstumsmarkt konnte die Oper allerdings auch kaum sein. Denn der NS-Staat kündigte zu keiner Zeit an, neue Opernhäuser zu bauen.

Etwa 171 neue Opern waren zwischen 1933 und 1944 uraufgeführt worden. Über den Zeitraum hinweg gesehen, ist dies keine besonders hohe Zahl, wobei sich sogar die Übernahme etlicher Werke aus der Verpflichtung der Statuten zur Gründung der Reichsmusikkammer erklären lässt, den deutschen Musikschaffenden eine auskömmliche Existenz zu ermöglichen. So war der NS-Staat seinerseits in unfreiwilligen Zugzwang geraten, auch eher verunglückte Werke zur Aufführung zuzulassen. Der einzige Komponist, der sich aus der NS-Zeit heraushob, in dem seine in jenen Jahren uraufgeführten Werke eine neue, eigenständige musikalische und von der Zeit scheinbar unbeeinflusste, ebenso zeitlose wie zukunftsfähige Qualität aufwiesen, war Carl Orff. Die im Juni 1937 in Frankfurt am Main uraufgeführte „Carmina Burana" – ausge-

---

86 Hugo Fetting: *Die Geschichte der Deutschen Staatsoper*. Berlin 1955. Seite 279.

wiesen als szenische Kantate – kam allerdings wegen der hochmittelalterlichen, archaisch einfachen Rhythmik und ihrer akzentuierten Choräle und Reime, der raschen Mischung aus weltlichen, volksnahen und kirchlichen Klangwelten in den gezielt abfälligen Ruf einer „bayerischen Negermusik" und wurde wegen ihrer unterschwelligen Erotik in den Liedtexten von der Reichsmusikkammer und Kritikern angefeindet. Es war damit ganz klar zum Ausdruck gebracht worden, dass man diese Form der Musik – auch wenn Adolf Hitler sich angetan gezeigt hatte – zwar nicht verbieten mochte, man in ihr aber keinen Beitrag für die nationale Idee erblickte. 1943 folgte „Die Kluge" nach dem Märchen der Brüder Grimm „Die kluge Bauerntochter" als Uraufführung in Frankfurt. Insgesamt führte gerade die Reaktion auf die „Carmina Burana" die Ratlosigkeit der NS-Ideologen vor. Das Werk schöpfte thematisch und musikalisch aus dem Mittelalter und zielte dennoch direkt auf die Moderne. „Carmina Burana" ist meist ein konzertant gegebenes Werk. Weil es kein heroisches, nacherlebbares Libretto bot, war es auch uninteressant für die propagandistische Zielsetzung. Die sichtbare, leicht und schnell nachvollziehbare Handlung mit heroischem Kern war für ein „NS-Opern-Werk" kennzeichnender als die Originalität der Musik. Weil die „Carmina Burana" von durchschnittlichen Zuhörern aufgrund des Anspruchs an die Gesangstechnik auch im Chor kaum mitgesungen werden kann, eignete sie sich auch nicht für den gemeinschaftlichen Gesang in der NS-Gemeinschaft. So erstaunt, wie Carl Orff während der NS-Zeit unbehelligt ein epochales Jahrhundertwerk erschaffen und zur Aufführung bringen konnte.

Formuliert wurde 1933, welche Musik man künftig nicht mehr wünschte. Wie künftig neue Musik beschaffen sein und klingen sollte, wurde dabei nicht präzisiert. Man sagte lediglich, was man nicht hören wollte. Der missverständlich als „Reichsdramaturg" bezeichnete Germanist Rainer Schlösser (1899-1945) war im Propagandaministerium zuständig für die Opernspielpläne des Reiches. Er hatte bis Mitte 1935 drei Kategorien gebildet. Die erste Kategorie „Im Repertoire" listete Opern von 27 Komponisten, die den Kern der wünschenswerten Singspiele bildeten. Des Weiteren gab es 54 Komponisten, die der Gruppe „Aufführenswert" zugerechnet wurden sowie 57 Autoren in der dritten Gruppe „Zu Beachten“. Diese Empfehlungen waren aber keineswegs mit direkten Eingriffen oder Anordnungen zur Bevorzugung bestimmter Werke verbunden.[87] Denn dies hätte Konkurrenz und Unfrieden unter lebenden Komponisten bedeuten können. Stilistische oder inhaltliche Empfehlungen für neu zu komponierende Werke kamen von Schlössers Dienststelle zu keiner Zeit. Reibungsfläche und Spiegelbild für die Ablehnung von Komponisten und ihrer Werke bildeten nahezu ausschließlich die 20er Jahre. Zu den abgelehnten Werken zählte Erich Wolfgang Korngold (1897-1957) mit „Die tote Stadt“ von 1920, Alban Berg mit der Oper „Wozzeck“ von 1925, die „Dreigroschenoper“ von Kurt Weill von 1928 sowie „Jonny spielt auf“ von Ernst Krenek aus dem Jahr 1927. Dass Komponisten jüdischer Abstammung waren oder ihr Werk pauschal als nicht künstlerisch, nicht kunstvoll und ohne Könnerschaft („entartet“) bewertet wurde, reichte zur Begründung aus. Eine musikwissenschaftliche Begründung unterblieb. Allein die von Arnold Schönberg entwickelte „Zwölftontechnik“ als Alternative zur Dur-Moll-Tonalität und die Vertreter der atonalen Wiener Schule wurden gezielt abgelehnt. Die atonale Musik kam wohl gerade wegen der jüdischen Abstammung Schönbergs in den Fokus. Für die NS-Ideologie erwies sich dies als ein propagandistischer Glücksfall. Denn auf diese Weise konnte man eine Entwicklung in der Musik für die antisemitische Kampagne nutzen und gezielt zuweisen; somit der Öffentlichkeit einen scheinbaren Beweis für die unerwünschte Entwicklung der Musik liefern. Darauf wurde ausgiebig verwiesen.

In der Musikforschung gar nicht berücksichtigt ist der Einfluss des Stummfilms auf die Entwicklung des Musikgeschmacks und gerade auch auf die Atonalität. In zentralen Kinos der Großstädte wurden Stummfilme nicht nur durch Orchester, sondern auch durch Kino-Orgeln begleitet, die gleichsam großen Jahrmarktsorgeln nicht nur Musik, sondern zahlreiche Geräusche und Ereignisse durch charakteristische Töne wiedergaben und imitierten; dies in einer Weise, die man als Vorläufer der elektronischen Musik be-

---

87 Boris von Haken: *Der „Reichsdramaturg“. Rainer Schlösser und die Musiktheater-Politik in der NS-Zeit.* Hamburg 2007. Seiten 141-143.

werten kann. Es kam einer Live-Synchronisation auf Geräuschebene gleich, seien es ratternde Eisenbahnen, brausende Automobile, klingelnde Telefone, Pferdegetrappel, Wasserfälle oder Vogelgezwitscher. Auch Stummfilmorchester und Solo-Pianisten gaben Stimmungen und Ereignisse auf der Leinwand durch eine Lautmalerei ihrer Instrumente wieder. Dies wiederum beeinflusste Komponisten für Orchesterwerke, die für die Bühne geschrieben wurden. Die atonale Musik entstand also auch durch Inspiration und durch Konkurrenz zu den Lichtspieltheatern. Von akademisch ausgebildeten Musikern wurde diese Entwicklung auf dem freien Musikmarkt diskreditiert und als Dilettantismus abgewertet. Langfristig waren die Grenzen zwischen der ernsten Musik und den Unterhaltungsmedien jedoch fließend.

Korngold etwa kann man in seinem Opernschaffen sowohl von Wagner, aber auch von Puccini beeinflusst sehen. Vielleicht deshalb wurde er seit 1935 beim Hollywood-Studio Warner Brothers zu einem der einflussreichsten und erfolgreichsten Filmkomponisten für dramatische Sujets mit zwei Oscar-Auszeichnungen und drei weiteren Nominierungen. Abgelehnt wurde vom NS-Staat das experimentell Neue, sowie auch Opern, die Elemente der populären Musik oder des Expressionismus einbauten, die sozialpolitische Bezüge herstellten oder defätistische Motive skizzierten. Besonders in das Blickfeld geriet der Komponist Paul Hindemith, der 1926 in Dresden mit der Oper „Cardillac“ Kritiker verschreckt und dennoch einen großen Publikumserfolg erzielt hatte. Hindemith hatte auch in den 20er Jahren experimentelle musikalische Hörspiele für den Rundfunk komponiert und sprach sich ebenfalls für eine „freie Tonalität“ jenseits von Dur und Moll aus. Besonders im Fokus stand er seit 1929, nach Uraufführung der gezielt als Parodie angelegten Gegenwarts-Oper „Neues vom Tage“, die Elemente des Jazz einbaute. Weil der allergrößte Teil der deutschen Bevölkerung niemals im Leben ein Opernhaus besuchte, waren die Kategorien der breiten Masse ohnehin vollkommen fremd. „Neues vom Tage“ erregte den Unmut auch der Handlung wegen, in deren Mittelpunkt ein Ehepaar steht, das im Finale glücklich geschieden ist. Das von Marcellus Schiffer verfasste Libretto erschien als Parodie auf eine Oper und ähnelte den frech frivolen Film- und Ehe-

Komödien des Regisseurs Ernst Lubitsch. Dass Mozart etwa in „Cosi fan tutte“ das Spiel mit dem Tabubruch schon lange Zeit zuvor als Erfolgsrezept gepflegt hatte, übersahen populistische Kritiker in der Weimarer Zeit konsequent.

Widerspruch aus der Welt der etablierten Künstler gegen die Verbannung avantgardistischer Komponisten war ebenso wenig zu erwarten wie von der Mehrzahl des Publikums. Es war immer gut, wenn weniger Konkurrenten am Markt waren und ohnehin hatten diejenigen, die sich zur Elite der klassischen Oper zählten, nur Verachtung für Emporkömmlinge übrig, die glaubten, überkommene Hörgewohnheiten infrage stellen zu können.

Die politisch formulierte Ablehnung musste Sängern wie Rudolf Bockelmann als Bestätigung für die ohnehin schon gepflegte Skepsis erscheinen. Den meisten Sängern der Staatsoper etwa wäre es niemals eingefallen, Operette zu singen. Und so erschienen ihnen auch die neuen Werke der 20er Jahre als eine Verflachung, Verwässerung oder Verballhornung ihrer Kunst. Die ablehnende Haltung für „neue Musik“ war natürlich auch in weiten Teilen des Opernpublikums gegeben, die avantgardistische Werke oft noch gar nicht kannten und auch deshalb keinesfalls vermissten. Die NS-Kulturwächter bliesen somit in dasselbe Horn wie zahlreiche Fachkritiker zuvor. Die Oper war ein Staatsbetrieb, der die Künstler langfristig beschäftigte, beinahe wie Beamte. Die Operette musste sich häufig auf dem kommerziellen Markt behaupten, auf dem ruinöser Wettbewerb herrschte. Musikalisch gesehen erlebte gerade deshalb die Operette während der NS-Zeit einen erheblichen Bedeutungsverlust, der politisch gewollt war, was aber nichts an der Beliebtheit dieser Gattung beim Publikum ändern konnte.

Die Operette war mehr noch als die Oper von Ausdünnung betroffen, da viele der beliebtesten Komponisten jüdischer Abstammung gewesen waren. Auch die Werke des längst verstorbenen Jaques Offenbach durften nicht mehr gespielt werden. Unerwünscht waren aber nun auch amerikanische Musicals. Während in der staatlich kontrollierten Spielfilmproduktion Operettenmelodien permanent zu hören waren, wurden die Operettenhäuser in der NS-Zeit gezielt geschwächt und in die Spielpläne wurde eingegriffen, um Publikumsströme umzulenken. Gerade Opernhäuser der Provinzmetropolen spielten stets in jeder Saison auch beliebte Operetten für ein volles Haus. Leichter und weniger kostenintensiv zu inszenieren, ermöglichten Einnahmen daraus erst die Produktion aufwendiger Opernabende.[88] Reine Operetten-Theater wie das Metropol-Theater in Berlin waren im Gegensatz zu den staatlichen Opernhäusern häufig privatwirtschaftliche Betriebe. Dieser freie und betriebswirtschaftlich erfolgreiche Markt für Unterhaltungsmelodien sollte keinesfalls unkontrolliert weiter wachsen. Dem Berliner Metropol-Theater[89] kam von 1934 an auf politischen Wunsch durch den neuen Direktor Heinz Hentschke eine Schlüsselfunktion zu. Bis zum Ende der NS-Zeit brachte er jährlich mit wechselnden Komponisten mindestens eine staatskonforme neue Operette heraus, die dann von allen Operettenbühnen in Deutschland nachgespielt werden konnte. Auf Foxtrott tanzbare und moderne Schlagermelodien sind für alle diese Werke charakteristisch, wobei die Handlung Bezüge zur Gegenwart herstellen oder erkennbar in der deutschen Gesellschaft angesiedelt sein sollte. Zu Beginn waren diese noch ideologisch und national geprägt, wie „Lauf ins Glück" (1934) und „Ball der Nationen" (1935) – beide von Fred Raymond. Weil man etwa über den „Völkischen Beobachter" die Gattung Operette insgesamt abgewertet und als unerwünscht etikettiert hatte, wurde als alternativer Begriff die Gattung „Singspiel" eingeführt. Musikalisch glichen diese den amerikanischen Musicals oder auch den in Europa vormals beliebten Revuen. In sich geschlossene Lieder folgten quasi als Nummernprogramm in Abfolge und hielten eine leicht verständliche Handlung lose zusammen. Sie entsprachen somit mehr Paul Linkes „Frau Luna" (1899) als Johann Strauss' „Fledermaus" (1874). Die Operette hatte im 19. Jahrhundert in Spitzenwerken ein hohes Niveau an kompositorischer Komplexität erreicht, die wie in der Oper ein musikalisches und gesangliches Gesamtwerk bildete, in der die Stimmen und Partien temporeich wechselten und ineinander und bruchlos übergingen. Diese hatten auch an die Sänger einen hohen Anspruch

88 Matthias Kauffmann: *Operette im ‚Dritten Reich'. Musikalisches Unterhaltungstheater zwischen 1933 und 1945*. Neumünster 2017. Seite 167ff.

89 Seit 1947 hieß das Metropol-Theater „Komische Oper".

an Talent und Ausbildung gestellt. Führende NS-Ideologen wie Alfred Rosenberg taten sich wohl auch aus Unkenntnis der Materie schwer mit der Operette, standen der Gattung desinteressiert gegenüber, und so verlief die Diskussion innerhalb der damaligen Funktionäre darüber, wie eine moderne deutsche Operette beschaffen sein sollte, noch weniger zielweisend als bei der Oper.[90]

Die neuen Singspiele der NS-Zeit folgten weit mehr dem Schlager. Letztendlich wurde damit das genaue Gegenteil vom Erwünschten erreicht und die neuen Operetten führten zu einer erstaunlichen Modernisierung und raschen Amerikanisierung des Musikgeschmacks. Am bekanntesten wurden 1937 die in Südamerika spielende „Maske in Blau“ von Fred Raymond sowie 1942 „Hochzeitsnacht im Paradies“ des Filmkomponisten Friedrich Schröder, ein durchweg amerikanisch geprägtes Musical mit frivolen und zweideutigen Texten, und 1943 „Königin einer Nacht“ von Will Meisel. Diese letzten drei „Singspiele“ waren auch noch in der Nachkriegszeit über Jahrzehnte hinweg sehr populär und gaben dank zahlreicher Evergreens jeweils die Grundlage für gleichnamige und teils mehrfache Verfilmungen. „Hochzeitsnacht im Paradies“ wurde ein Sensationserfolg und kam trotz der Kriegslage bis Ende 1944, bis zur Einstellung des Bühnenbetriebs, in nur zwei Spielzeiten auf 500 Aufführungen. Das Stück kann damit als das wohl erfolgreichste musikalische Bühnenwerk der NS-Zeit gewertet werden. Ufa-Regisseur Paul Martin inszenierte schließlich 1943 die Filmversion von „Maske in Blau“ als tänzerisch und musikalisch furioses und aufgeladenes Swing- und Latein-Feuerwerk in reinster Hollywood-Choreographie. So endete die Operette in der NS-Zeit wie der Spielfilm letztendlich bei denselben Charakteristika, die 1933 als unerwünscht gegolten hatten. Indifferent, inkonsequent und vage blieben die an die Operette gestellten Anforderungen. Dies zeigte sich bereits an der am 23. Dezember 1933 im Berliner Theater am Nollendorfplatz uraufgeführten Operette „Clivia“ des österreichischen Komponisten Nico Dostal, dessen Schlager „Du bist mir so sympathisch“ als reinster amerikanischer Jazz

---

90 Matthias Kauffmann: *Operette im ‚Dritten Reich‘. Musikalisches Unterhaltungstheater zwischen 1933 und 1945.* Neumünster 2017. Seite 127ff.

empfunden werden konnte. Im Orchester für „Clivia“ dominierten Blasinstrumente und Schlagzeug. Das in Südamerika spielende Musical wurde ein großer Erfolg und Nico Dostal einer der vielbeschäftigsten Film- und Operettenkomponisten der NS-Zeit. In der Operette wurde die Forderung nach rein deutschen Sujets später kaum mehr umgesetzt, in Lateinamerika spielende Handlungsabläufe unumwunden toleriert und begrüßt. Wie im musikalischen Unterhaltungsfilm gab es auch in der Operette bald überhaupt keine ideologischen Bezüge mehr. Sobald die Szenerie auf dem lateinamerikanischen Kontinent angesiedelt war, konnte sie auch von nordamerikanischer Unterhaltungsmusik und Stilen begleitet sein.

Vom 1. September 1937 stammt eine Statistik der Staatsoper Berlin, die alle Aufführungen seit dem 5. Dezember 1786 auflistet. Werke des Komponisten Richard Wagner führten die Hitliste deutlich an. Erstaufführung einer Wagner-Oper in Berlin war der 26. Oktober 1847 mit „Rienzi“ gewesen. Zwölf Opern von ihm kamen auf 4.003 Aufführungen. Der weit größte Teil davon war jedoch vor 1920 auf die Bühne gebracht worden. Allerdings kamen zwölf Opern von Verdi auf 1.975 Aufzüge, Puccini mit acht Werken auf 1.016 und Richard Strauss mit zehn Opern auf 1.038. Zehn Werke von Mozart waren 2.799 Male gespielt worden und sechs Singspiele von Weber 1.416 Male, Meyerbeer mit sieben Werken 1.374 Mal. Bizet wurde – mit nur drei Opern vertreten – 909 Male gespielt.

Mit 860 Aufführungen war „Carmen“ von Bizet das am häufigsten aufgeführte Werk in Berlin, gefolgt vom „Freischütz“ mit 852 und der „Zauberflöte“ mit 779. Erst danach folgten mit „Tannhäuser“ (752) und „Lohengrin“ (743) zwei Wagner-Opern. „Carmen“ hatte Uraufführung im Jahr 1875. Populär war auch „Der Bajazzo“ von Leoncavallo aus dem Jahr 1892, der 599 Male gegeben wurde. Bockelmann sang darin den Part des Tonio, den er auch auf Schallplatte aufnahm. Die vergleichsweise kurze Oper mit 75 Minuten Spielzeit wurde häufig gemeinsam für einen Opernabend mit „Cavalleria Rusticana“ von Pietro Mascagnis gegeben, die 70 Minuten aufweist und in Berlin bis 1937 610 Aufführungen hatte.

Für die Propaganda war der reguläre Spielbetrieb auch weniger bedeutend als vielmehr die staatliche Inanspruchnahme des

Ensembles der Berliner Staatsoper bei offiziellen und inoffiziellen Empfängen für ausländische Staatsgäste und Diplomaten, wie zum Beispiel beim Besuch des Ministerpräsidenten des faschistischen Italiens, Benito Mussolini. Hierfür wurde entweder ein vollständiger Opernabend gegeben oder auch eine Art Potpourri arrangiert aus Ouvertüren und Gesangspassagen mit populären Stars des Ensembles im Rahmen eines Staatsempfangs. Rudolf Bockelmann war auch hier als Tischgast gern gesehen, denn er verstand sich als Altphilologe auf gehobene, geistreiche Konversation und galt als interessierter Zuhörer. So war Rudolf Bockelmann auch Gast bei einem Empfang, den Hermann Göring 1936 für den britischen Luftfahrtminister Charles Vane-Tempest-Stewart, 7. Marquis von Londonderry, und dessen Ehefrau in Görings privatem Wohnsitz in Berlin gab.[91] Bockelmann sang einen Ausschnitt der Partie von Wotan aus dem „Ring". Anschließend sahen die Gäste einen Film über die Leistungsfähigkeit der deutschen Luftwaffe. Geladen war auch Ernst Ludwig, Großherzog von Hessen-Darmstadt (1868-1937), ein Nachkomme von Queen Victoria, zu dem Bockelmann auch während der Bayreuther Festspiele Freundschaft pflegte. Tempest-Stewart hatte im selben Jahr auch Joachim von Ribbentrop, damals deutscher Botschafter in London und später Außenminister, auf dem Landsitz Mount Stewart empfangen. Auf einem Empfang in London kam auch Rudolf Bockelmann mit Ribbentrop in der Deutschen Botschaft zusammen, als er 1937 während der Feiern zur Krönung von König Georg VI. aufgetreten war. Bockelmanns Popularität an der Covent Garden Opera ließ ihn als besonders geeignet erscheinen für diplomatische Anlässe mit britischen Regierungsmitgliedern.

Das Ensemble der Berliner Staatsoper deckte vor und während der NS-Zeit die Bayreuther Festspiele ab. Die Sänger und Dirigenten waren ein Aushängeschild auch für die Auslandspropaganda auf höchster politischer und diplomatischer Ebene. So gab das Haus ein Gastspiel auch während der Pariser Weltausstellung an sechs Abenden vom 6. bis zum 12. September 1937 und wurde für die vom internationalen Publikum enthusiastisch gefeierte Leis-

91 Denys Blakeway: *The Last Dance. 1936. The Year Of Changes.* London 2010.

tung mit dem „Grand Prix" ausgezeichnet.[92] Somit stand Rudolf Bockelmann als Marke für allerhöchste Qualität. Offiziell sollte es nach Statuten der Reichsmusikkammer kein „Star-System" mehr in der Opernwelt geben. Die kapitalistischen Marktmechanismen für Gagen waren außer Kraft gesetzt und die Künstler hatten nicht mehr die Freiheit, unabhängig Auslandsgastspiele abzuschließen. Tatsächlich aber beförderte das Regime die Überhöhung der Opern-Sänger in der Öffentlichkeit und nutzte diese für ihr Image.

Die Bedeutung der Oper für die Schallplatte

Im Gegensatz zu Bühne, Film und Rundfunk war die Schallplatte dagegen lange Zeit kein propagandistisches Medium im NS-Staat. Rudolf Bockelmann nahm eine Anzahl Platten für Telefunken, His Masters Voice und Electrola auf. Die Schallplattenfirmen blieben privatwirtschaftlich und unterlagen keiner staatlichen Kontrolle, auch wenn sie ab 1938 angewiesen waren, bestimmte Komponisten und Interpreten aus dem Katalog zu nehmen. Gleichwohl führten alle Hersteller parallel Auslandskataloge und verkauften noch lange nach Kriegsausbruch große Kontingente von Jazz-Platten amerikanischer Autoren. Die Plattenindustrie konnte relativ unbehelligt vor Nachstellungen die Ideologie negieren. Das für den Export produzierende Auslandslabel der Deutschen Grammophon, die Polydor, arbeitete in Auslandsstudios mit exilierten Stars und nahm noch bis weit in die 40er Jahre Swing-Titel auf. Weil zum Swing grundsätzlich auch Foxtrott getanzt werden kann, wies man die Schallplatten einfach als Fox aus und gab ihnen einen deutschsprachigen Schlagertitel mit einem zumeist frech romantischen Gesangstext. Dies taten die Firmen aus Profitgründen und der NS-Staat behinderte grundsätzlich keine Industrien, die Auslandseinnahmen sicherten. Darüber hinaus war die Plattenindustrie schon in den 20er Jahren international stark vernetzt und ließ sich nicht so einfach wieder entflechten. Die Plattenfirmen in Deutschland strichen die Namen unerwünschter Komponisten aus ihren Katalo-

92 Misha Aster: *Staatsoper. Die bewegte Geschichte der Berliner Lindenoper im 20. Jahrhundert.* München 2017.

gen, verkauften deren Platten aber weiterhin. Der Operetten-Komponist Jaques Offenbach, dessen Werke nach 1860 in Berlin kommerziellen Bühnen über viele Jahre Profite eingebracht hatten, war in der NS-Zeit wegen seiner jüdischen Abstammung ebenfalls ein unerwünschter Autor, wurde aber weiterhin von mehreren Platten-Marken in Deutschland angeboten, insbesondere durch Electrola mit „Orpheus in der Unterwelt" in einer Aufnahme der Deutschen Oper Berlin unter dem jüdischen Generalmusikdirektor Leo Blech. Das Desinteresse auch des Propagandaministeriums an der Schallplatte lag in der Überzeugung begründet, dass man den privaten Gebrauch und Konsum nicht überwachen und beeinflussen könne. Weil Schallplatten ungehört im Schrank hätten verschwinden können, kam auch nur eine einzige Rede Adolf Hitlers auf Schallplatte in den freien, kommerziellen Handel. Der Autor Martin Elste verwies darauf, dass im Gegensatz zur NSDAP Sozialdemokraten und Kommunisten in Deutschland bis zum Jahr 1933 mehr als 300 Schallplatten politischen Inhalts in den Verkauf gebracht hatten.[93] Staatlich gefördert, unterstützt und kontrolliert wurde Musik nur dann, wenn sie öffentlich ein kollektives Gemeinschaftserlebnis bieten und herstellen konnte, also auf der Bühne oder im Kino und im Radio, bei Versammlungen, Aufmärschen, Veranstaltungen, und somit vor Zeugen auch ein Bekenntnis im Verhalten des Einzelnen abverlangt werden konnte, wie bei der Beichte in der Kirche. Eine Vielzahl der in der NS-Zeit komponierten Gesänge war für die Gemeinschaft in Hitlerjugend oder dem Bund Deutscher Mädel gedacht, wurde als Liederbuch herausgegeben und kam weder auf Schallplatte noch im Rundfunk öffentlich heraus.

Rudolf Bockelmann nahm für die Schallplatte vorrangig Titel von Richard Wagner und Carl Loewe (1796-1869) auf. Balladen von Carl Loewe eigneten sich von der Länge her ideal für die Dauer der 78er Schallplatten und sie waren auch immer Teil des Programms von Bockelmanns Liederabend gewesen. Es waren Sologesänge,

93 Martin Elste: „Zwischen Privatheit und Politik. Die Schallplatten-Industrie im NS-Staat." In: *Musik und Musikpolitik im faschistischen Deutschland.* Herausgegeben von Hanns-Werner Heister und Hans-Günter Klein. Frankfurt/Main 1984. Seite 111.

die Bockelmanns Talent zur bildhaften Tonmalerei entgegen kamen und wie die Sujets Wagners in phantastische Welten entführten – wobei Loewes Balladen den Hörer thematisch auch humorvoll aus dem gewohntem Alltag abholen und in Phantasien überführen konnten.[94] Gleichwohl bleibt die Anzahl der Aufnahmen in Bockelmanns Diskographie überschaubar, zumal die Plattenfirmen diese etwa 30 Titel über viele Jahre hinweg im Programm behielten und neu auflegten. Bockelmann nahm auch Platten mit Stücken von Offenbach (Hoffmanns Erzählungen) und Leoncavallo (Der Bajazzo) auf. Doch blieben dies Ausnahmen.

Zensur herrschte während der NS-Zeit auch bei der erwünschten Musik. Stücke mit Signalwirkung, wie zum Beispiel eine Anzahl von Märschen, sollten nur zu besonderen Anlässen öffentlich gehört werden können, und so war ihr Verkauf auf Schallplatte mitunter verboten oder eingeschränkt. Hier galt ein Alleinstellungsmerkmal, ein eindeutiges Signal. Dahinter verbarg sich die Annahme, dass Musikstücke, die man zu oft hörte, Überdruss und schließlich Ablehnung erzeugen könnten. Rudolf Bockelmann soll nach Recherche von Michael H. Kater 1935 für Electrola eine Schallplatte mit dem Titel „Für den Führer" besungen haben, ein Lied, das der Komponist Hans Gansser (1884-1959) geschrieben habe.[95] Gansser war ein Komponist, der den Aufstieg der rechten Bewegung bereits seit den frühen 20er Jahren musikalisch begleitet hatte. Die zumeist völkischen Texte seiner Lieder stammten von verschiedenen Verfassern. Er war Autor eines Liederbuches für die Volks- und Oberschulen. Es beinhaltete die „Kernlieder des Reichserziehungsministeriums".[96] Die Existenz dieser Platte lässt sich bislang nicht verifizieren.[97] Möglich, dass sie nicht in den freien Handel ge-

---

94 Götz Traxdorf: *Carl Loewe: Kirchenmusiker und Komponist.* Wettin-Löbejün 2019.

95 Michael H. Kater: *The Twisted Muse. Musicians and Their Music in the Third Reich.* Oxford 1997.

96 Hans Gansser: *Deutsche Lieder. Für die Klassen 5 bis 8 der Volksschulen und die Klassen 1 bis 3 der Oberschulen.* Stuttgart 1938.

97 Laut Priebergs „Handbuch der Deutschen Musiker" wurde Bockelmann mit Chor und Orchester der Staatsoper Berlin begleitet, auch für einen zweiten Titel Ganssers mit „Deutschland erwache". Nach Prieberg ist der erste Titel mit „Dem Führer" bezeichnet. Als Verweis werden die Tondokumente des Deut-

langte und für schulische Zwecke oder für Rundfunksendungen hergestellt worden war.

Schallplatten waren ein Luxusgut und Plattenspieler eine Anschaffung, die nur von wohlhabenden Kunden getätigt werden konnte. In der Weltwirtschaftskrise schrumpfte der Absatz von Schallplatten in Deutschland bis zum Jahr 1933 um zwei Drittel. Der Absatz der teureren amerikanischen Importe, auf die Fracht und Zoll aufgeschlagen wurde, war sogar auf ein Fünfzehntel eingeschmolzen. War noch Anfang der 30er Jahre klassische Musik das Kerngeschäft für Kunden des Bildungsbürgertums, so gewannen nach Einführung des Tonfilms und der Verbreitung durch den Rundfunk Schlager immer größere Marktanteile. Die von Joseph Goebbels kontrollierte Filmindustrie veröffentlichte ebenfalls Filmschlager über das eigene Platten-Label „Ufa-Ton". Auf Betreiben Goebbels amerikanisierte sich insbesondere der Musik- und Revuefilm nach Ausbruch des Krieges, weil diese Filme auch zum großen Teil im Ausland liefen, einmal in den besetzten Ländern Europas, aber auch in den neutralen Staaten Schweiz und Schweden, wo sie zur Devisenbeschaffung dienten. So wurde also im Ausland deutsche Musik während der NS-Zeit keineswegs vorrangig mit Wagner oder der Oper in Verbindung gebracht, sondern mit aktueller Unterhaltungsmusik.

Die deutsche Plattenindustrie hatte ihren Absatz im Inland vom Krisenjahr 1933 bis zum Kriegsjahr 1939 von fünf Millionen Exemplaren auf 15 Millionen verdreifachen können. Gleichwohl bedeutete dies, dass nur jeder vierte Deutsche einmal im Jahr eine Schallplatte kaufte. Zu wenig für einen propagandistischen Masseneffekt. Dagegen zählten die deutschen Kinos 1942 eine Milliarde Zuschauer.[98] Schallplatten und gerade auch Schallplattenspieler blieben in der NS-Zeit ein rares Luxusgut und der NS-Staat subventionierte auch den Import des teuren und nur begrenzt verfügbaren Schellacks nicht. Der Staat subventionierte den Opernbetrieb mit

---

schen Rundfunkarchivs (DRA) mit den Nummern 1870691-02 sowie 1870691-03 und dem Aufnahmedatum Oktober 1934 genannt.

98 „Bei der Ufa machte man das so. Kino – Das große Traumgeschäft". In: *Der Spiegel*. Nr. 36 vom 6. September 1950. Artikelserie, in 19 Teilen der nachfolgenden Ausgaben veröffentlicht.

hohen Summen, überließ die Plattenindustrie aber weitgehend sich selbst. In Großbritannien und den USA wurde der Schallplatte dagegen eine ganz andere Bedeutung beigemessen und auf staatliche Veranlassung, Intervention und Subvention hin wurden während des Zweiten Weltkriegs Propagandatitel und Ansprachen in hoher Stückzahl aufgenommen und gezielt gesteuert vermarktet und gesendet.

Im Olympia-Jahr 1936 – als Deutschland als besonders modern und weltoffen gelten sollte – brachte Electrola eingedeutschte Schlager aus dem brandneuen MGM-Musical „Broadway-Melody of 1936" heraus und Telefunken aus der RKO-Revue „Follow the Fleet" mit Fred Astaire. Zahlreiche deutsche Unterhaltungsbands orientierten sich am Big-Band-Sound. Mit dem Orchester Ernst van't Hoff brachte Polydor 1941 sogar Glenn Millers „In the Mood" aus dem Jahr 1939 heraus. „Charlie and His Orchestra" war die auf Initiative von Joseph Goebbels gegründete Propaganda-Jazz-Band, die auf dem Propaganda-Sender „German Calling" Jazz-Musik für den fremdsprachigen Auslandsfunkdienst produzierte.[99] Dieser soll 1940 rund 500 Mitarbeiter beschäftigt haben, die täglich 147 Stunden Programm für verschiedene Länder herstellten. In England sollen bis zu sechs Millionen Hörer „German Calling" gehört haben, nicht zuletzt, weil Kriegsgefangenen vom Sender Gelegenheit gegeben wurde, persönlich Grüße an die Familie in der Heimat auszusprechen. Zwischendurch wurden aktuelle amerikanische Swing-Titel durch deutsche Propaganda-Bands gespielt. Deutsche Hörer aber dürften kaum Unterschiede zwischen Schlagern von Peter Kreuder und den Stücken der Bands ausgemacht haben, die für „German Calling" arbeiteten.

Am 12. Dezember 1941 dirigierte der Schlagerkomponist Peter Kreuder schließlich das Orchester der Deutschen Staatsoper Berlin. Für Telefunken wurden zehn Filmmelodien auf vier Platten eingespielt, werbewirksam vermarktet und plakatiert. Die voluminöse orchestrale Umsetzung adelte die Unterhaltungsmusik und erhob sie ganz gezielt zu allerhöchster Kunst, interpretiert von den besten

---

99 Danny Kringiel: „Wollt ihr den totalen Swing? Goebbels Propaganda-Orchester". In: *Der Spiegel*. 4. Juli 2016.

Musikern der Nation. Gleichzeitig signalisiert diese Aufnahme, dass man sich insgeheim von Wagner als Propaganda-Musik verabschiedet hatte. Denn die Aufnahme hätte mit dem Filmorchester des Ufa-Studios wohl kaum anders geklungen. Der NS-Staat konnte die Menschen nur noch mit der Musik bei Laune halten, die diese hören wollten. Es wäre zehn Jahre zuvor undenkbar gewesen, dass die Deutsche Staatsoper Film-Schlager wie „Nur eine Stunde" aus dem Film „Mazurka" (1935) spielte. Letztendlich beendete der mangelnde Import-Nachschub des Schellacks die Massenproduktion der Schallplatte im Verlauf des Krieges. Die Produktion von Schallplatten aus Kunststoff war Mitte der 30er Jahre technisch möglich, aber noch nicht massentauglich umsetzbar. Es fehlten auch Wiedergabegeräte, die zu bezahlbaren Preisen hätten angeboten werden können.

Die ideologische Inkonsequenz und Widersprüchlichkeit auf dem Musikmarkt blieb innerhalb des NS-Staates nicht unkommentiert und wurde kontinuierlich diskutiert. Das Reichsüberwachungsamt (Amt Rosenberg) und dessen Hauptstellenleiter Musik, Herbert Gerigk, erkannten 1940 den Selbstbetrug und kritisierten indirekt, aber für jeden erkennbar, Propagandaminister Joseph Goebbels, der die Produktion von Jazz-Musik im Staatsauftrag sogar befohlen hatte und Tanzorchester auch mit Auslandsmusikern dafür zusammenstellen ließ:

> „Der Jazz ist nur scheinbar überwunden. In Wahrheit herrscht er wie früher an den deutschen wie den ausländischen Unterhaltungsstätten. Er hat nur sein Gewand gewechselt. Die bezeichnenden Rhythmen, die Synkope, die grotesken Instrumentalwirkungen, der blöde Refraintext, die unzulänglichen Stimmen der Refrainsänger sind geblieben. Es ist eine Unehrlichkeit, wenn man dem Kind einen neuen Namen gibt und doch alles beim Alten lässt. Im Ganzen muss man feststellen, dass die Programmgestalter der Schallplattenfirmen ihre Verpflichtung dem Volk gegenüber sehr unzulänglich erfasst haben."

Für das Publikum in den besetzten Ländern wurden Platten und Programme mit eigenen Künstlern in Landessprache zugelassen, die ihrerseits wieder eingedeutscht wurden, um sie auch im alten Reichsgebiet verkaufen zu können. Im besetzten Tschechien hatte seit 1940 das in Prag gegründete Trio „Allan Sisters" (Sestry Allanovy) einen durchschlagenden Erfolg. Nach dem Vorbild der amerikanischen „Boswell Sisters“ und der „Andrew Sisters“ gaben die drei Frauen in tschechischer Sprache einen schwungvollen, temporeichen Swing, der dem Sound amerikanischer Big Bands in nichts nachstand. Für Telefunken besangen sie auch zahlreiche Platten in deutscher Sprache, etwa mit dem Tanzorchester Lutz Templin und dem Titel „Heute Nacht kam heimlich das Glück zu mir“. Der englische Name „Allan Sisters“ wurde für den deutschen Markt durch die neutralere Form „Allan-Trio“, „Frauen-Terzett“ oder „Allan-Terzett“ ersetzt. Diese Vielfalt an Schallplatten, die den unerwünschten und verbotenen amerikanischen Stilrichtungen zugerechnet werden können, steht im Kontrast zu der überschaubaren Anzahl an Aufnahmen, die mit Rudolf Bockelmann für das Opernfach produziert wurden. Die ernste Musik hatte ihre stabile Anhängerschaft in gebildeten Kreisen. Dieser Markt ließ sich auch in der Diktatur nicht beliebig erweitern. In der breiten Masse der Bevölkerung gab es für die Schallplattenfirmen eher auf dem Sektor der Unterhaltungsmusik Wachstumspotenzial. Die Opernstars waren aus Sicht der NS-Propaganda vorrangig für den Rundfunk interessant.

Betrachtet man die Entwicklung gerade während der Kriegsjahre, muss die 1938 eröffnete Propaganda-Ausstellung „Entartete Musik“ als Feigenblatt erscheinen, mit der vorrangig die Verdrängung jüdischer Musiker und all der Komponisten gerechtfertigt werden sollte, die im Verdacht gestanden hatten, politisch links zu stehen. In dieser Ausstellung wurde weitgehend auf die Künstler und Werke verwiesen, die schon vor 1933 im Fokus der Verfolgung gestanden hatten.[100] Neue Aspekte, etwa zur künftigen Musik, waren nicht dazugekommen. Im Zusammenhang mit dieser Ausstellung wurden auch den letzten noch in Deutschland geduldeten jüdischen Musikern ihre Verträge und Engagements gekündigt, auch den deutschen, die jüdische Ehepartner hatten, selbst wenn diese ins Ausland gegangen waren. So traf es auch Rudolf Bockelmanns langjährige Kollegin, die Sopranistin Frida Leider, mit der er in

100 Amaury du Closel: *Erstickte Stimmen. „Entartete Musik“ im Dritten Reich.* Wien 2010.

Bayreuth, Berlin, London und Chicago gesungen hatte. Ihr Ehemann Rudolf Deman war Österreicher jüdischer Herkunft und ging nach der Annexion Österreichs 1938 in die Schweiz. Frida Leiders Vertrag an der Berliner Staatsoper wurde deshalb gekündigt und in einen Gastspielvertrag umgewandelt. In neuen Inszenierungen wurde sie nicht mehr besetzt. Auch in Bayreuth durfte sie nicht mehr singen.

Allerdings war sie mittlerweile auch schon 50 Jahre alt. Schließlich ließ das Paar die Ehe aufheben. Letztmalig sang sie 1942 in einer Oper. Noch bis weit in den Krieg hinein gab sie Konzerte und Liederabende, so am 21. November 1943 für die Singakademie im Zeughaus mit Liedern und Arien von Schubert und Brahms sowie am 6. Februar 1944 im Beethovensaal. Ihren letzten Auftritt als Sängerin hatte sie im Januar 1946 im Berliner Admiralspalast. Sie arbeitete als Dozentin und Regisseurin und erhielt 1948 eine Professur an der Berliner Musikhochschule. Frida Leider und Rudolf Bockelmann hatten während ihrer Karrieren sehr viele Stationen geteilt und es gibt Fotografien, die sie im privaten Gespräch scheinbar so vertraut miteinander zeigen wie ein altes Ehepaar. Frida Leider galt genauso wie Bockelmann international als eine der talentiertesten Wagner-Interpretinnen, da sie ebenfalls die Begabung hatte, Wagner tatsächlich zu singen und die Silben mit der Melodie zu einen. Gerade die Partien der Frauen in Wagners Opern galten als schwer singbar.[101] Dies erklärt auch Frida Leiders lang anhaltende Karriere als Opernsängerin noch bis in das sechste Lebensjahrzehnt hinein.

Nachdem man 1936 im Zuge der Olympischen Spiele Modernität und Weltoffenheit hatte suggerieren wollen, sollten 1938 die scheinbar in Schieflage geratenen Maßstäbe für die irritierte Öffentlichkeit mit der Ausstellung „Entartete Musik" wieder auf ideologische Linie gebracht werden. Heinz Tietjen bereitete bis 1939 die Nachfolge von Frida Leider für die Wagner-Rollen der Kundry im „Parsifal", der Brünnhilde in der „Götterdämmerung" und im „Siegfried" oder der Isolde im „Tristan" durch die zehn Jahre jün-

---

101 Stephan Mösch im Vorwort zu Eva Rieger: *Frida Leider*. Hildesheim 2016, Seite 10.

gere Marta Fuchs (1898-1974) vor. So wurde auch für Frida Leider nicht wirklich ersichtlich, ob sie allein wegen ihres jüdischen Ehemannes oder vielleicht auch wegen ihres Alters abgeschoben werden sollte. Denn trotz ihrer nach wie vor makellosen Stimme und Interpretation wirkte Frida Leider außerhalb der Bühnenwelt als leicht korpulente, propere, bisweilen großmütterliche Erscheinung, die in ihren Rollen der deutlich jüngeren Bühnen-Figuren zunehmend deplatziert wirkte.

Für den Charakter der Tanz- und Unterhaltungsmusik sowie die Schallplattenindustrie änderte die Ausstellung „Entartete Musik“ dagegen nichts. Ganz anders als sein Kollege bei der Berliner Staatsoper, der Tenor und Wagner-Sänger Marcel Wittrisch, nahm Rudolf Bockelmann keine Unterhaltungsplatten und keine Operettentitel auf. Die Stimmlage Bariton war in diesem Genre immer ebenso gefragt. Wittrisch hatte auch in Spielfilmen mitgewirkt, so 1930 in „Das Lied ist aus“ mit Willi Forst und Liane Haid. Robert Stolz hatte die Musik geschrieben und der von Marcel Wittrisch (1903-1955) auch auf Schallplatte veröffentlichte Weltschmerz-Schlager „Frag nicht, warum ich gehe“ wurde ein Evergreen. Wittrisch sang vor allem in Filmen, für die Operettenkomponisten wie Franz Lehar und Eduard Künneke die Musik verfasst hatten. Für Schallplatten nahm er auch Unterhaltungstitel auf und war damit eine Ausnahme im Ensemble der Berliner Staatsoper. Jedoch spielte er nach 1933 in keinem Film mehr mit. Das Propagandaministerium, die Reichsfilmkammer und die Reichsmusikkammer achteten in den Friedensjahren des NS-Staates darauf, die musikalischen Felder scharf und für jeden erkennbar voneinander abzugrenzen. Während der Kriegsjahre gewann die Unterhaltungsmusik Oberhand und der Anteil der Opernmusik schwand.

Wie fahrlässig das Propagandaministerium die Plattenindustrie vernachlässigt hatte, zeigte sich, als von April 1941 an eine bis dahin wenig beachtete Platte der Electrola – „Lili Marleen“ – des Komponisten Norbert Schultze, ein Radio-Schlager der deutschen Wehrmacht und binnen weniger Wochen über alle Grenzen hinweg der internationale Weltkriegsschlager schlechthin wurde, ein Lied, das genau den defätistischen Inhalt hatte, der nicht erwünscht gewesen war. Die schon zwei Jahre alte Aufnahme mit Lale Andersen, einer damals kaum bekannten und politisch unangepassten Kabarettistin, durch die Firma Electrola blamierte Joseph Goebbels. Komponist Norbert Schultze hatte 1936 in Hamburg die Kinder- und Märchenoper „Schwarzer Peter" herausgebracht, eines der beim Publikum beliebtesten neuen Opernwerke der NS-Zeit. Schultze schrieb auch eine Anzahl konformer Soldatenlieder für den Rundfunk. Der Text des Liedes „Lili Marleen" stammte von Verfasser Hans Leip aus dem Jahr 1915. So zeigte sich hier der schmale Grat, auf dem sich auch angepasste und erfolgreiche Musiker bewegten. Von wenigen Zeilen war das Verbot abhängig. Die Kraft des Publikums und der Radiohörer war stärker als die der Diktatur. Das Lied ist keinesfalls pazifistisch, aber in der Botschaft fügt es sich schicksalhaft in das Unvermeidliche, nämlich in den sicheren Soldatentod und negiert damit den Heldenmythos sowie auch den Glauben an den Endsieg.[102] Das Lied wurde im Ausland schnell kopiert, war aber auch ein propagandistischer Bumerang. Amerikaner und Briten ließen neben den reinen Schlager-Versionen des Liedes in englischer Sprache und auch in deutscher Sprache kabarettistische Propaganda-Versionen produzieren und via Feindsender zurück ins Reich übertragen. Effektvoll ließen die Engländer über deutschsprachige „Feindsender" verbreiten, Joseph Goebbels habe Lale Andersen ermorden lassen. Das Propagandaministerium hatte nicht nur die Schallplatte unterschätzt, sondern auch das Radio, weil es weit über Grenzen hinweg senden und Falschnachrichten verbreiten konnte. Rudolf Bockelmann trat auch in der Radiosendung „Wunschkonzert" auf. Doch spielte Opernmusik im Rundfunk nicht mehr die vergleichbare Rolle wie in den Friedensjahren der Diktatur. Trotz oder gerade wegen des Erfolgs der Sendung „Wunschkonzert", die seit 1. Oktober 1939 ausschließlich Wehrmachtsangehörigen und deren Familien Musikwünsche im Rundfunk erfüllte, bestand keine vollständige musikideologische Überwachung. Der weltweit bekannteste Radio-Schlager der NS-Zeit war ausgerechnet ein Titel, der abseits staatlicher Kontrolle

---

102 Dimitrios Dolaplis: *Musik als Propagandainstrument im Nationalsozialismus. Politische und soziale Funktionen von Soldatenliedern im Nationalsozialismus.* Baden-Baden 2019. Seite 124f.

entstanden war. „Lili Marleen“ erhielt zwar das Etikett der „Wehrkraftzersetzung“, verbannen ließ sich der Ohrwurm aus den Köpfen der Menschen aber nicht mehr. Im Gegenzug ließ man nun Lale Andersen über den deutschen Auslandssender „German Calling“ englischsprachige Propagandalieder singen und in die besetzten Länder und Feindstaaten senden. Ein Radio-Krieg mit Schlagern und Jazz-Musik war entstanden. Wagner eignete sich dafür nun nicht mehr. Mit der amerikanischen Moderatorin Mildred Gillars wurden von Ende 1942 bis 6. Mai 1945 drei verschiedene Radio-Formate in Berlin produziert, deren bekanntestes „Home Sweet Home“ war, und die zunächst britische und später amerikanische Soldaten kriegsmüde machen sollten.

Auf dem Feld der Oper wurde während der 40er Jahre kein vergleichbarer Aufwand betrieben. Rudolf Bockelmann nahm während des Krieges keine Schallplatten mehr auf. Wider Erwarten ist die Anzahl der Gesamtaufnahmen von Wagner-Opern auf Schallplatte während der NS-Zeit überschaubar, wenn nicht sogar überraschend spärlich. Das ist aber durchaus erklärbar. Die Telefunken hatte 1939 150 Schlager aus Spielfilmen im Programm, aber keine einzige Operngesamtaufnahme. Immerhin lieferte die Firma 22 Sinfonien, zehn Streichquartette und fünf Klavierkonzerte, 200 Soloklavierstücke und 580 Märsche. Erklären lässt sich diese Unausgewogenheit an der Spieldauer der Stücke und der begrenzten Speicherkapazität einer 78er Platte. Der Kunde wollte ein Musikstück in der Gesamtheit hören, ohne die Platte zu wechseln und die Abtastnadel zu tauschen. Aufgenommen wurden deshalb vorrangig kurze Einzelstücke, die vollständig auf eine Seite passten. Die Electrola und das ihr untergeordnete Label Columbia waren international vernetzt. Sie lieferten 25 meist gekürzte Gesamtaufnahmen von 19 Opern, von denen allerdings nur vier in Deutschland und eine in Österreich produziert worden waren. Es waren eine Aufnahme vom dritten Akt der „Meistersinger“, ein Zusammenschnitt aus „Tannhäuser“ und „Tristan und Isolde“ von Karl Elmendorff von den Bayreuther Festspielen aus dem Jahr 1928 sowie Ausschnitte aus dem „Rosenkavalier“ von Richard Strauss unter der Leitung von Robert Heger. „Vollständige Aufnahmen“ waren meist deshalb gekürzt, da eine enorme Anzahl an 78er Platten für eine „Gesamtaufnahme" erforderlich war.

Die 1928 von Columbia während der Bayreuther Festspiele produzierte Gesamtaufnahme von „Tristan und Isolde", in der Rudolf Bockelmann unter Karl Elmendorff den Part des Kurwenal sang, bestand aus 19 Schellackplatten. Zeitaufreibend war dabei für den Kunden und Konsumenten nicht nur das ständige Wechseln der Platten, sondern auch der permanente Austausch der rasant abstumpfenden Abtastnadel. Teure Gesamtaufnahmen konnten sich nur vermögende Kunden leisten, die auch passionierte Sammler waren. Beliebt waren daher Schallplatten, die lediglich Ausschnitte der bekanntesten Passagen boten. Der NS-Staat subventionierte den Opernbetrieb und die Bayreuther Festspiele, aber ließ keine Wagner-Gesamtaufnahme für Schallplatte in Auftrag geben. Dies war im Ausland nicht anders. So stammt eine der besten Aufnahmen mit Bockelmann als „Wotan" vom London Philharmonic Orchestra, die unter Wilhelm Furtwängler 1937 am Covent Garden Opera House mit dem dritten Akt der „Walküre" aufgenommen worden war. Kirsten Flagstad und Maria Müller wirkten darin ebenfalls mit. Mit dem London Symphony Orchestra unter Albert Coates nahm Bockelmann als „Wanderer" aus dem „Siegfried" das Lied „Kenntest Du mich, kühner Spross" auf, unter Furtwängler und den Wiener Philharmonikern aus dem zweiten Akt der „Meistersinger" als Hans Sachs das Lied „Guten Abend, Meister". Mit dem Orchester des Reichssenders Stuttgart liegt eine Aufnahme vom 3. April 1938 von der „Walküre" vor, die im Sendesaal unter Leitung von Carl Leonhardt aufgenommen worden war, den zweiten Akt in Teilen und den dritten Akt vollständig umfasst. Neben Bockelmann als „Wotan" ist hier Josef von Manowarda (1890-1942) als Hunding zu hören. Die Schallplattenaufnahmen mit Auszügen aus Opernwerken richteten sich vorrangig und gezielt an das Opernpublikum, das die Werke bereits von eigenen Besuchen her kannte und die beliebtesten Arien noch einmal hören wollte. Die Schallplatte war wegen ihrer kurzen Laufzeit dagegen kaum geeignet, sich einen Eindruck vom Handlungsablauf und dem Inhalt des Werkes zu verschaffen.

Die Bedeutung der Oper im Radio

Auch der Rundfunk war zunächst ein Medium, das sich weitgehend die Wohlhabenden leisten konnten. 1932 wurden 3,981 Millionen Rundfunkteilnehmer gezählt, 1939 bereits 10,822 Millionen[103], 1943 16 Millionen, wobei nicht klar ist, ob die Radiohörer Österreichs und anderer angeschlossener Gebiete in dieser Zahl miterfasst wurden. Selbstständige machten um 1933 30,26 Prozent aller Gesamtrundfunkteilnehmer aus, Beamte 13,99 Prozent, Angestellte 9,08 Prozent. Im Rundfunk sah der NS-Staat das zentrale Propaganda-Instrument, um zunächst die bürgerlichen Schichten zu gewinnen, langfristig aber auch die zweite Hälfte der deutschen Bevölkerung, die nicht NSDAP gewählt hatte. 1932 waren pro Tag 15,37 Stunden durch Rundfunk abgedeckt, 1938 konnte der Hörer über 19,43 Stunden hinweg Sendungen empfangen. An der Zusammensetzung der Programminhalte änderte sich nach dem Jahr 1933 jedoch kaum etwas. Hatte 1930 Musik 66,3 Prozent Anteil am Programm, waren es 1937 sogar 69,4 Prozent. Hatte der Anteil der Nachrichten 1932 9,6 Prozent betragen, waren es 1937 8,8 Prozent, 1939 13,1 Prozent. Rückläufig waren in der NS-Zeit die Anteile von Literatursendungen sowie Vorträgen. Sie machten 1939 nur noch 3,1 sowie 4,1 Prozent aus. Innerhalb der Musiksendungen dominierten 1938/39 die Genres Unterhaltungsmusik (Schlager) mit 19,2 Prozent und 17.834 Gesamtstunden sowie Orchester (Tanz) mit 26,2 Prozent und 24.348 Gesamtstunden. Dieser Bereich wurde vielfach auch durch die eigenen Rundfunkorchester der Sender bestritten. Opern hatten nur einen Anteil von 0,8 Prozent, Operetten von 0,4 Prozent. Insgesamt wurden 64.057 Stunden Musik gesendet, wobei noch 7 Prozent auf Blasmusik entfielen und 2,5 Prozent auf Volksmusik. Symphonien machten 2,3 Prozent aus, Kammermusik 1,5 sowie Vokal- und Instrumentalsolokonzerte 2 Prozent. Ausschlaggebend war dabei natürlich auch der wirtschaftliche Betrieb der Sender. Technisch war es möglich, Schallplatten über Rundfunk wiederzugeben. Die Tonqualität war bei live gespielter Musik jedoch deutlich besser und so wählte man Musikstücke für eine über-

---

103 Ingo Fulfs: *Musiktheater im Nationalsozialismus.* Marburg 1995. Seite 65.

schaubare Anzahl an Musikern wie in der Kammermusik aus, um die Kosten begrenzen zu können. Personell aufwendig zu besetzende Übertragungen mit großem Orchester blieben deshalb der „besten Sendezeit" vorbehalten, also den Tagen und Stunden, an denen man mit der maximalen Zuhörerschaft rechnen konnte, wie etwa am Sonntagabend. Die Zusammensetzung des Gesamtprogramms war in den 30er Jahren weitgehend stabil geblieben und hatte sich gegenüber den Jahren vor 1933 nicht wesentlich verändert. Grund war, dass die personelle Besetzung der Sender weitgehend identisch geblieben war und auch das Propagandaministerium weder geeignetes Personal noch Ideen aufbieten konnte, um neue Programminhalte zu entwickeln. Während des Krieges wurde der Unterhaltungsaspekt noch ausgeweitet auf Wunschprogramme. Die Oper hatte also im Rundfunk einen noch weit geringeren Anteil als an den Schallplattenproduktionen. Der Propagandaminister diskreditierte die Oper sogar, als er sagte: „Was will denn dieser Furtwängler mit seinen lächerlichen 2000 Zuhörern in der Philharmonie? Was wir brauchen sind die Millionen, und die haben wir mit dem Rundfunk."[104]

Auch Programmzeitschriften versuchten die Geschmäcker gegeneinander auszuspielen. Das Wochenblatt „Ostfunk" brachte in der 38. Ausgabe des Jahres 1933 folgenden Leserbrief:

> „Eine Oper im Rundfunk ist schon infolge der Undeutlichkeit der Aussprache oftmals nicht zum Anhören gewesen, zumal man die Oper, und wohl bei einem großen Prozentsatz der ländlichen Bevölkerung ist das der Fall, nicht kennt und die Musik viel zu schwer ist. Der Provinzler will nach des Tages Last gute, aber nicht schwere, leicht auffaßliche Sachen hören."

Joseph Goebbels Widersacher in kunst- und kulturideologischer Hinsicht, Alfred Rosenberg, 1928 Gründer des Kampfbundes für deutsche Kultur und 1934 Beauftragter des Führers für die Überwachung der geistigen und weltanschaulichen Schulung und Erziehung der NSDAP (Reichsüberwachungsamt) hielt Wagners „Ring des Nibelungen" für schlicht ungeeignet für die Massen, denn er stelle „an Menschen und Theater derartige Anforderungen,

104 Hanns-Werner Heister, Hans-Günter Klein: *Musik und Musikpolitik im faschistischen Deutschland.* Frankfurt am Main 1984. Seite 104.

dass diese seinen großen Bestrebungen einfach nicht folgen können". Die Bayreuther Festspiele galten daher auch in Parteikreisen als elitäres „High-Society-Ereignis". Unverblümt offen stellte Rosenberg heraus, dass er die große Mehrheit der Bevölkerung für zu ungebildet hielt, um in den Opernwerken eine Botschaft überhaupt erkennen zu können.

Joseph Goebbels griff sich bei Wagner nur wenige Stichworte heraus, zum Beispiel zur Aufführung der „Meistersinger von Nürnberg" am 21. März 1933 zum „Tag von Potsdam". Das szenische Bild der Festwiese als versöhnliches ständeübergreifendes Volksfest im Finale der Oper sah der Propagandaminister hier gleichnishaft für den vereinheitlichenden Volksgedanken der NSDAP:

> „Es gibt wohl kein Werk in der gesamten Musikliteratur des deutschen Volkes, das unserer Zeit und ihren seelischen und geistigen Spannungen so nahestände, wie Richard Wagners Meistersinger. Wie oft in den vergangenen Jahren ist ihr aufrüttelnder Massenchor ‚Wacht auf, es nahet gen den Tag'[105] von sehnsuchtserfüllten, gläubigen Menschen als greifbares Symbol des Wiedererwachsens des deutschen Volkes aus der tiefen politischen Narkose des November 1918 empfunden worden; und wie unwillkürlich stellt sich die Parallelität unserer Zeit zu dem farbenprächtigen historischen Hintergrund ein, vor dem sich das schwermutsvolle, ernste und doch zur gleichen Zeit so lieblich heitere Spiel der Meistersinger abrollt."[106]

Die „Meistersinger von Nürnberg" ließen allein schon vom Titel her einen Bezug auf die in Nürnberg stattfindenden Reichsparteitage aufkommen, die auf der Festwiese die Gemeinschaft zusammenführten, zumal in der Figur des Hans Sachs eine reale Person der Handlung zugrunde liegt, ein Schuhmacher, Spruchdichter und somit Meistersinger, der von 1494 bis 1576 in Nürnberg lebte. Zudem führen die „Meistersinger" Handwerk und Gesang zusammen und bildeten somit schon symbolistisch die Zielsetzung der Reichsmusikkammer ab, die Musikschaffenden nach einer Handwerksordnung zu organisieren. Damit zielte das Werk mehr noch

---

105 Im Chor lautet es wörtlich „Wach auf" als Aufruf an die Einzelperson. Goebbels änderte dies in „Wacht auf" als Anruf an die Massen.

106 Susanna Großmann-Vendrey: *Bayreuth in der deutschen Presse.* Dokumentenband 3,2 (1908-1944). Regensburg 1983. Seiten 253-255.

auf die Künstler selbst als auf das Publikum. Mit einer Gesamtspieldauer der drei Akte von mehr als vier Stunden blieben die „Meistersinger" jedoch ein Ereignis für das disziplinierte und vorgebildete Publikum. Dieses anzusprechen und in die Gemeinschaft der „nationalsozialistischen Arbeiterschaft" einzubeziehen, war wohl in erster Linie Goebbels Absicht. Ein plakativer Effekt. Damit erschöpfte sich allerdings Goebbels Interpretation. Denn der Masse der deutschen Gesellschaft waren der Inhalt, der historische Hintergrund und die Entstehungsgeschichte dieser vergleichsweise heiteren und optimistischen Wagner-Oper vollkommen unbekannt.

„Der deutsche Faschismus hat seine imperialistische Ideologie in Wagner und dessen Werke weit mehr hineinprojiziert als aus ihnen herausdestilliert", urteilte der Musikwissenschaftler Hubert Kolland.[107]

Die Opernwerke Richard Wagners standen im 19. Jahrhundert als Höhepunkt, Quintessenz und Abschluss einer damals schon über 100 Jahre hinweg geführten Diskussion über eine deutsche kulturelle und nationale Identität, über ein eigenständiges deutsches Opernwesen in Abgrenzung zur klassischen italienischen Oper, also zur höfischen Oper des herrschenden Adels. Letztendlich wurden die Wagner-Opern auch in der NS-Zeit nur von einer kleinen, gebildeten Minderheit konsumiert. Worin also bestand der propagandistische Effekt?

Allein der Titel war schon die ganze Nachricht, das ganze Programm. Man konnte sagen, dass es ein deutsches Opernwesen gibt und darauf verweisen. Der NS-Staat griff sich Wagners Musik als passend dramatische und verfügbare Untermalung und spannende Hintergrundmusik von „Wochenschauen", Rundfunkansprachen, Dokumentarfilmen und propagandistischen Spielfilmen. Wagner ertönte bei Staatsempfängen und Staatsakten. Das war ein einfacher und billiger Trick, weil man diese Musik nicht erst in Auftrag geben und auch nicht bezahlen musste. Allein die Existenz dieser

107 Hubert Kolland: „Wagner und der deutsche Faschismus." In: *Musik und Musikpolitik im faschistischen Deutschland.* Herausgegeben von Hanns-Werner Heister und Hans-Günter Klein. Frankfurt/Main 1984. Seite 127.

Musik rechtfertigte ihren Gebrauch. Wagner war aber auch ein Aushängeschild, mit dem sich das Regime im Ausland schmückte. Denn Wagner galt im Ausland als Ideal deutschen Musiktheaters. Noch bis Ende der 30er Jahre warben im Ausland Plakate in englischer Sprache um Gäste für die Bayreuther Festspiele. Dies war der gegenseitige Deal zwischen dem Regime und der Festspiel-Chefin Winifred Wagner. Der Staat subventionierte den Opernbetrieb, half bei der Vermarktung und konnte im Gegenzug frei über die musikalische Verwertung bestimmen. Bayreuth sollte ein gesellschaftliches Ereignis bleiben, und wer eine Einladung erhielt, galt etwas im NS-Staat.

Rudolf Bockelmann stand allerdings nicht allein da als Wagner-Interpret. Dieselben Bariton-Partien sangen Wilhelm Rode, Jaro Prohaska und von 1935 an auch Josef von Manowarda. Manowarda suchte wohl noch zielstrebiger oder direkter nach einer dotierten Beschäftigung jenseits der Gesangskarriere. Rode war darüber hinaus von 1934 bis 1943 Intendant des Hauses der Deutschen Oper Berlin in Charlottenburg und sang quasi in Konkurrenz zu den Stars der Oper Unter den Linden dieselben Partien. Bei den Bayreuther Festspielen der Jahre 1933 und 1934 sowie 1939, 1941 und 1942 war die Rolle des „Wotan" im „Ring des Nibelungen" mit Rudolf Bockelmann und Jaro Prohaska (1891-1965) doppelt besetzt. 1936 und 1938 hatte Bockelmann den Part über die Festspielzeit hinweg allein zu bewältigen. 1931 hatte Bockelmann den Wotan erstmals auch in Bayreuth neben Friedrich Schorr gesungen, der seit 1925 in der Rolle besetzt gewesen war.

So existieren auch von Rode, Manowarda und Prohaska Schallplattenaufnahmen derselben Titel, die mit Rudolf Bockelmann aufgenommen worden waren. An diesen zeigt sich, dass Wagner während der NS-Zeit insbesondere während der Friedensjahre noch vermarktet wurde, mit Ausbruch des Krieges aber für das Medium Schallplatte keine Bedeutung mehr hatte, keine weiteren Aufnahmen mehr folgten.

Berlin - Shakehands für eine Professur

Freilich konnten die deutschen Opernhäuser nicht weiterhin ausschließlich Wagner, Verdi, Puccini, Tschaikowsky und Mozart spielen, zumal das Publikum gelangweilt reagierte und just in den ersten Jahren des Regimes die Abonnentenzahl an den deutschen Opernhäusern flächendeckend schrumpfte. Wenn man vorgab, was man nicht mehr hören wollte, musste man auch Neues komponieren lassen. Wie eine solche neue, politisch konforme Oper aber klingen sollte, wurde nicht formuliert. Das war einigermaßen schwierig, weil man sich damit musikalisch schnell vor dem Publikum hätte blamieren können. Eine inhaltliche Diskussion über die „neue deutsche Oper", wie sie vor dem Revolutionsjahr 1848 über lange Zeit hinweg intensiv in Fachkreisen geführt worden war, blieb aus. Eher stillschweigend wandten sich die Komponisten der NS-Zeit historisch heroischen Ereignissen der deutschen Geschichte zu, wie dies während der ersten Hälfte des 19. Jahrhunderts empfohlen und in zahlreichen längst vergessenen Werken umgesetzt worden war.[108]

Goebbels erkannte das schöpferische Defizit und forderte vor dem Olympia-Jahr 1936 zu mehr Vielfalt in den Spielplänen auf. Weil das Regime mit Polen gerade auf Diplomatie setzte, kam die polnische Nationaloper „Halka" aus dem Jahr 1858 unter Anwesenheit des polnischen Botschafters[109] in Berlin heraus, die mit ihren dramatischen Arien ein Überraschungserfolg beim Publikum wurde. Es herrscht Einigkeit in der Literatur, dass die NS-Musikpolitik kein Interesse erkennen ließ, eine eigene neue Musikrichtung zu erschaffen. „Die erwünschte Musik sollte vor allem der nationalsozialistischen Weltanschauung nicht zuwiderlaufen." Was dieser entsprach, sei allerdings nicht immer eindeutig zu definieren

---

108 Natalia Nicklas: „Nationalisierung der deutschen Oper im Vormärz 1840-1848." In: *Beihefte zum Archiv für Musikwissenschaft.* Band 79. Stuttgart 2017. Seite 128.

109 Ingo Fulfs: *Musiktheater im Nationalsozialistischen Deutschland.* Marburg 1995. Seite 108.

gewesen, schlussfolgert zum Beispiel der Autor Marc Brüninghaus.[110]

Rudolf Bockelmanns größte künstlerische Herausforderung an seine Wandlungsfähigkeit als Sänger war die am 8. Juni 1935 anlässlich des Berliner Händel-Festes neu inszenierte Oper „Julius Caesar“ von Georg Friedrich Händel aus dem Jahr 1724. Akzentuierte Koloratur-Gesänge im Stil des italienischen Belcantos in pointierter Mischung und raschem Wechsel der Stimmen verlangten dem Wagner-Interpreten eine diametral entgegengesetzte Technik ab, die seit der Mitte des 19. Jahrhunderts bei Komponisten aus der Mode gekommen war. Während einer weiteren Aufführung von „Julius Caesar“ brach Rudolf Bockelmann in seiner Garderobe gesundheitlich angeschlagen zusammen. Eine bakterielle Infektion wurde diagnostiziert. Erstmals musste Bockelmann ein halbes Jahr lang pausieren und seine Karriere schien nach ärztlicher Prognose am Ende. Sein Comeback in derselben Rolle von „Julius Caesar“ feierten seine Kollegen schließlich enthusiastisch als eine künstlerische Wiederauferstehung. „Julius Caesar“ passte als barocke Heldenoper von der Thematik aber auch wegen ihres italienisch geprägten Stils hervorragend in das Konzept der Zeit, während in Berlin Politiker und Diplomaten des faschistischen Italien ständige Gäste waren.

Richard Strauss brachte während der NS-Zeit einige neue Opern in Dresden heraus, die beim Publikum gut ankamen, aber nichts erkennen ließen, was propagandistisch in eine neue musikalische Zeit wies. Paul Graener füllte das entstandene Vakuum als nationalsozialistischer Kulturfunktionär mit forscher Selbstsicherheit aus. Seine Oper „Prinz von Homburg“[111] bestätigte bei der Premiere am 14. März 1935 in Berlin mit dem Bariton Jaro Prohaska in der Titelrolle die Erwartung an eine neue deutsche Oper mit traditionell historischem Sujet, die sich musikalisch von Brahms und Richard Strauss beeinflusst zeigte. Schon lange vorher waren die

---

110 Marc Brüninghaus: *Unterhaltungsmusik im Dritten Reich.* Hamburg 2010. Seite 11.

111 Nicht zu verwechseln mit Hans Werner Henzes gleichnamiger Oper aus dem Jahr 1960.

Abonnenten auf dieses neue Werk aufmerksam gemacht worden. Rudolf Bockelmann sang darin den Part des Oberst Kottwitz.[112] Am Haus Unter den Linden blieb es Graeners einziges Opernwerk, das dort innerhalb von 13 Monaten auf zwölf Aufführungen kam, letztmalig am 20. April 1936.[113] Obwohl auch Graener in den 20er Jahren atonale Werke geschaffen hatte, wurde er neben Strauss der meistgespielte lebende deutsche Opernkomponist während der NS-Zeit an den Opernhäusern des Reiches, wobei es sich bei der Mehrzahl seiner aufgeführten Singspiele um ältere Werke aus den 20er Jahren handelte wie „Schirin und Gertraude", „Hanneles Himmelfahrt" und „Friedemann Bach". Nach dem „Prinz von Homburg" kamen erst 1940 in München mit „Irene" und 1941 mit „Schwanhild" in Köln zwei weitere Stücke heraus. Graeners Musik wurde später als epigonal kritisiert und abgewertet, da sie keine Eigenschöpfung sei, sondern ältere Vorbilder nachahme. Dies bestätigt das Bild der Unsicherheit bei Komponisten, wie neue Opernmusik im NS-Staat klingen sollte. Selbst komponierende Funktionäre hatten keine originäre Idee.

Von Graener übernahm Rudolf Bockelmann 1935 eine Anzahl von Liedern, die nach Gedichten Morgensterns vertont waren, für eine Konzerttournee, die unter dem Titel „Konzert im Liede" lief. Darin sang er auch Haydn, Schumann und Carl Loewe. Innerhalb von 20 Jahren soll Bockelmann dieses Programm 453 Male vorgetragen haben. Er gastierte damit bis zu seinem letzten Lebensjahr. Häufig war er seit 1935 Gast der Philharmonischen Gesellschaft in Hamburg. Dort sang er Bachs „Matthäus Passion", Brahms „Requiem", von Händel „Saul" und „Messias", die „Schöpfung" von Haydn. Bis einschließlich 1937 war Bockelmann vorrangig zu Gastspielreisen als „Wotan" und „Hans Sachs" in Deutschland, Belgien und Frankreich, Tschechien und Ungarn unterwegs. Diese Reisen galten als Werbung für die Bayreuther Festspiele. Da die Berliner Staatsoper der kulturpolitische Musterbetrieb des Reiches war,

---

112 Im illustrierten Magazin der Staatstheater Berlin wurde das Werk den Abonnenten angekündigt: „Die neue Oper von Paul Graener: Prinz vom Homburg, weiterhin die Uraufführung eines lebenden deutschen Komponisten."

113 Hugo Fetting: *Die Geschichte der Deutschen Staatsoper.* Berlin 1955. Seite 276.

sollte die allerhöchste Kunst durch die besten Sänger natürlich auch in allen deutschen Ländern interpretiert werden können. Auch in Hannover trat Bockelmann häufiger auf. Eine Fotografie zeigt ihn in der mit Hakenkreuzen beflaggten Stadthalle, in der er inmitten des Orchesters in Zivilkleidung allein am Mikrophon steht.[114]

Zunehmend wurde Bockelmann für Solo-Konzerte durch die Freizeitorganisation „Kraft durch Freude" verpflichtet. Offenbar konnte er Einfluss darauf nehmen, wohin ihn diese führten. Am 19. November 1939 gab er ein Doppelkonzert in Celle, organisiert für die Kreisdienststelle der Deutschen Arbeitsfront. Das „Morgenkonzert" gab er im Schlosstheater, den „Richard-Wagner-Abend" in der Stadthalle „Union".[115] In der Stadt, in der er einst Abitur gemacht hatte, war er einigen noch persönlich bekannt und so konnte er in Teilen auf ein Publikum hoffen, dass seine Kunst zu würdigen verstand.

Man muss annehmen, dass Rudolf Bockelmann gerade nach seiner Erkrankung diese Reisen auch nutzte, um Kontakte zu Musikhochschulen herzustellen, um seinem Ziel einer Professur nahe zu kommen.

Ein weiterer Grund für die Gastspieltätigkeit war der Brand des Dekorationsfundus des Berliner Staatstheaters während der Sommerpause 1936, der 80 Prozent der Bühnenbilder zerstört hatte und den Spielbetrieb für ein Vierteljahr beeinträchtigte. Alle Inszenierungen mussten neu ausgestattet werden. Im Oktober 1936 brillierte Bockelmann in Berlin dann mit der Titelrolle des „Fliegenden Holländers".

Eine Prestige-Inszenierung hatte am 23. Januar 1937 an der Berliner Oper mit Rudolf Bockelmann in der Titelrolle ihre Uraufführung, Paul von Klenaus „Rembrandt van Rijn". Es gab eine Doppelpremiere gleichzeitig in Stuttgart. Der gebürtige Däne von Klenau hatte sich zeitweilig der nicht erwünschten Zwölftonmusik Arnold Schönbergs zugewandt, so 1931 in der Oper „Michael Kohlhaas", sprach aber auch gezielt den deutschen Publikumsge-

---

114 Nationalarchiv der Richard-Wagner-Stiftung Bayreuth, Nachlass Rudolf Bockelmann.

115 Programmheft. Deutsche Arbeitsfront Kreisdienststelle Celle. Celle 1939.

schmack der Abonnenten an, die sich unbeeindruckt von den NS-Richtlinien zeigten. Die Oper „Rembrandt van Rijn" bot einen niederländischen Stoff in dem Richard Wagners Werken verwandten Stil textverständlicher deutschsprachiger Gesänge mit durchaus moderner, aber dennoch traditionsorientierter Komposition nach Vorbild der Hochromantik. Vergleichsweise bekannt wurde das für Tenorstimme geschriebene Lied „Es neigt sich der Tag". „Rembrandt van Rijn" war eine Propaganda-Produktion mit 14 aufwendig gestalteten Bildern, und im Opernhaus herrschte Gala-Atmosphäre für die Spitze der NS-Gesellschaft. Und doch muss Rudolf Bockelmann am Premierenabend den deutlichen Unterschied wahrgenommen haben zwischen dem begeisterten Publikum, das allein um der Kunst Willen am Londoner Covent Garden Gesang und Musik bejubelte, und dem Publikum, das jetzt aus parteipolitischen Ideologen bestand und nicht der Leistung der Künstler applaudierte, sondern einer Pflicht nachkam. Es waren bestellte Ovationen auf Abruf. In seinen Aufzeichnungen deutet Bockelmann an, dass er das Publikum in den 30er Jahren insgesamt als erstarrt ansah. Er vermisste Euphorie, eine neue, junge sich begeisternde Generation unter den Opernbesuchern. Ob eine Oper wie „Rembrandt van Rijn" ein Erfolg wurde, dürfte für ihn eher eine zweitrangige Frage gewesen sein. An der Zukunftsfähigkeit der Opern Wagners hatte er keinen Zweifel. Sein Ehrgeiz war es, die Interpretation dieser Werke als Sänger weiterzuentwickeln, zu modernisieren, zu perfektionieren. Zur Qualität der neuen Opernwerke äußerte er sich mit keiner Silbe.

Die Komponisten schienen während der NS-Zeit in einer Zeitkammer gefangen, die nur eine Variation, nämlich die der Auffassung Wagners und der Spätromantik zuließ. „Rembrandt van Rijn" fand nach der Uraufführung uneingeschränkte Zustimmung unter den NS-Musikfunktionären. Ein großer dauerhafter Erfolg beim Publikum wurde aber auch diese Oper nicht, gelangte nicht einmal unter die zehn meistgespielten neuen Opern der NS-Zeit. Ebenso wie Klenaus „Michael Kohlhaas" wurde „Rembrandt van Rijn" pflichtschuldig in einigen Provinzhauptstädten in das Programm aufgenommen, verschwand dann aber recht schnell wieder.[116] Am Berliner Haus Unter den Linden wurde „Rembrandt van Rijn" lediglich neunmal aufgeführt, letztmalig am 7. November 1938. Die polnische Oper „Halka" von Stanislaw Moniuszko wurde zum Vergleich in der Spielzeit 1936/37 sechsmal gegeben.[117] Von den lebenden Komponisten hatte während der NS-Zeit und darüber hinaus allein Richard Strauss mit vier neuen Werken einen gewissen Erfolg an der Staatsoper Unter den Linden, insbesondere mit „Arabella", die von 1933 bis 1953 auf 73 Aufführungen kam. „Daphne" von 1939 wurde bis zum 24. November 1942 zwölfmal gespielt.

Der Mangel an geeigneten neuen Werken und namhaften lebenden Komponisten führte am 6. März 1938 zur Berliner Erstaufführung von Siegfried Wagners im Spätmittelalter spielendem Ritter-Drama „Schmied von Marienburg"[118] sowie Max von Schillings ebenso kaum bekannter Wikinger-Oper „Ingwelde" von 1894. Diese Opern waren weniger wegen ihrer Kompositionen aufgenommen worden als vielmehr wegen ihrer nordischen Szenerie. So konnten im Spielplan zumindest vordergründig Bezüge zur Ideologie hergestellt worden, die Anknüpfungspunkte zu einer möglichst heroischen, germanischen Vergangenheit suchte.

Siegfried Wagners „Schmied von Marienburg" war aus NS-ideologischer Sicht zunächst als vollkommen ungeeignet erschienen. Für die Aufführung von 1938 wurde der Text an 2.000 Stellen gestrichen oder durch Einfügungen verändert. Denn wie immer bei

---

116 „Arabella" von Richard Strauss aus dem Jahr 1933 kam reichsweit in zehn Spielzeiten auf 848 Aufführungen und führte damit die Rangliste der meistgespielten neuen Opern der NS-Zeit an. Es folgte auf Rang 2 „Schwarzer Peter" aus dem Jahr 1936 von Nobert Schultze bei 724 Aufführungen in sechs Spielzeiten. Strauss' „Friedenstag" von 1938 belegte bei vier Spielzeiten und 122 Aufführungen den 9. Platz, sein Werk „Daphne" von 1938 kam in vier Spielzeiten auf reichsweit 182 Aufführungen auf Rang 6. Egks „Zaubergeige" (1935) zählte auf Rang 5 198 Aufführungen in sieben Spielzeiten, Wagner-Régenys „Der Günstling" (1935) auf Rang acht mit 136 Aufführungen in fünf Spielzeiten. Hans-Günter Klein: „Musik der Oberen. Zur Komposition neuer Opern 1933-1944". In: *Musik und Musikpolitik im faschistischen Deutschland.* Herausgegeben von Hanns-Werner Heister und Hans-Günter Klein. Frankfurt am Main 1984. Seite 149.

117 Hugo Fetting: *Die Geschichte der Deutschen Staatsoper.* Berlin 1955. Seite 275-283.

118 Uraufgeführt 1923 in Rostock.

Siegfried Wagner ging es nicht um das Heldenhafte, sondern um das Düstere im Unterbewussten, um Verrat, Sünde, Schuld und Verdrängung und das drohende Versagen als selbsterfüllende Prophezeiung. Aus diesem Grunde spielt die Handlung im Jahr 1410, als die Macht der Ritter gegenüber einer neuen Ordnung bereits schwand. Das passte so gar nicht zum gewünschten heroischen NS-Weltbild, das Kampfesmut ohne Selbstzweifel als Ideal verlangte. Das historisch-märchenhafte Libretto sowie der Name Siegfried Wagner ließen jedoch plakativ eine Signalwirkung versprechen, die der Propaganda dienlich sein konnte.

Eine hohe Erwartung hegte man 1938 in Berlin deshalb auch an Werner Egks Oper „Peer Gynt" auf Basis des gleichnamigen Gedichts von Henrik Ibsen. Egk hatte 1935 mit „Die Zaubergeige" einen Erfolg gehabt, einer volkstümlich märchenhaften Oper mit eingängigen bayerischen Tänzen bei gleichzeitig modernen, aber gefällig klingenden Melodien. „Peer Gynt" dagegen erwies sich als Unfall für den NS-Musik-Betrieb. Kritiker meinten ein Plagiat der verbotenen „Dreigroschenoper" herauszuhören und bezeichneten die zum Teil lautmalende schräge Orchestrierung als „Neger-Musik". Nach 1940 verschwand „Peer Gynt" von den Spielplänen wieder, obwohl Adolf Hitler dem Komponisten ausdrücklich zu dem Werk gratuliert haben soll und Joseph Goebbels seinem Tagebuch anvertraut hatte, wie begeistert er gewesen sei. Egk war Kapellmeister der Berliner Oper und später auch Funktionär der Reichsmusikkammer. Offensichtlich hatte er Neider und Konkurrenten. Die Reaktionen auf „Peer Gynt" können auch als gezielte Intrige von Widersachern gewertet werden, um im Jahr der Baarova-Affäre Propagandaminister Joseph Goebbels zusätzlich zu schwächen. Seine Beziehung zu der Schauspielerin Lida Baarova und die daraus resultierende Krise mit Ehefrau Magda war reichsweit in der Bevölkerung bekannt, auch unter Funktionären mit Schadenfreude aufgenommen worden, und man erwartete seine Ablösung.

Sicherlich war es der politische Druck, der auch angepasste und ehrgeizige Komponisten und Librettisten unsicher machte und dazu führte, dass sie das genaue Gegenteil erschufen von dem, was erwünscht war. Schon 1939 folgte mit der Uraufführung von „Die Bürger von Calais" des Komponisten Rudolf Wagner-Régeny an der Berliner Staatsoper Unter den Linden der nächste große Störfall. Der Komponist hatte 1935 mit „Der Günstling" auf Vorlage von „Maria Tudor" nach Victor Hugo an der Semperoper Dresden Erfolg mit einer neuen „NS-Oper", die reichsweit bei fünf Spielzeiten auf 136 Aufführungen kam und damit den achten Rang unter den erfolgreichsten neuen Opern der NS-Zeit einnimmt. Damit hatte Wagner-Régeny einen Kredit auf seinen Ruf, den er dann gründlich riskierte. Das Thema von „Die Bürger von Calais" war seit dem Spätmittelalter in vielfältiger Weise in Frankreich künstlerisch aufbereitet worden und 1914 als Schauspiel des Dramatikers und Expressionisten Georg Kaiser auch in Deutschland bekannt geworden. Das Publikum applaudierte in Berlin begeistert, als sechs angesehene Bürger Calais sich freiwillig dem Henker überantworten, um die 6.000 Einwohner der belagerten Stadt zu retten. Dies hätte im bevorstehenden Kriegsjahr 1939 als Aufruf zum öffentlichen Ungehorsam, als Aufruf zum Widerstand verstanden werden können, und die Oper wurde sofort abgesetzt. Rudolf Wagner-Régeny arbeitete aber weiter und löste im April 1941 mit dem Werk „Johanna Balk" in Wien den größten Opern-Skandal der NS-Zeit im besetzten Österreich aus. In der vierten Galerie pfiffen Hitlerjungen die Inszenierung aus, während auf den ersten Plätzen die Wiener Gesellschaft in tosenden Applaus ausbrach, weil sie in dem Werk eine Kritik am NS-Regime erblickte. Die Hauptfigur Johanna Balk soll erpresst werden, soll einem despotischen ungarischen Fürsten den Unterschlupf eines politischen Gegners verraten. 30 Störer auf der Empore wurden verhaftet und es stellte sich heraus, dass es sich um Parteimitglieder handelte, die erprobte Aktivisten waren. Baldur von Schirach als Gauleiter der Ostmark saß im Publikum. Er hatte die Inszenierung gegen den Willen von Joseph Goebbels durchgesetzt. Hinterher war unklar, wer von beiden wen mehr blamiert und vorgeführt hatte. Goebbels - der die Oper hatte verhindern wollen - deutete hinterher „Johanna Balk" als „keineswegs antinationalsozialistische" Oper um, denn es sei eine „Verherrlichung der Deutschen Frau" darin zu erkennen.[119] Dieses war

119 „Zwischen den Stühlen. Beitrag über das Werk von Rudolf Wagner Regeny." In: *Der Spiegel*. Ausgabe vom 30. August 1961.

ein typisches Muster bei Joseph Goebbels. Bevor ihm jemand Versagen vorwerfen konnte, interpretierte er das von Widersachern jeweils beanstandete Werk in seinem Sinne und versah es eiligst mit einem Prädikat.

So war jede Uraufführung selbst für konforme Komponisten und Funktionäre eine riskante Angelegenheit und die Anzahl neuer Werke blieb überschaubar. Von Paul von Klenau folgte noch 1940 als Erstaufführung in Berlin „Die Königin". Ältere, vormals erfolgreiche Werke wie die von Albert Lortzing wurden deshalb neuinszeniert, um Abwechslung ohne ideologische Fettnäpfchen bieten zu können, wie im September 1937 „Zar und Zimmermann". Weil inzwischen das Kulissenlager der Staatsoper durch einen Brand vollständig verloren gegangen war, mussten alle Werke neu inszeniert werden. Aus diesem Grunde wurden zum Teil Opern ausgesucht, die einen geringeren Ausstattungsaufwand mit möglichst wenigen Kulissenbildern aufwiesen. Zum Jahr 1939 war Wagner in der Gunst des Berliner Publikums gegenüber Verdi zurückgefallen. Insgesamt ging auch die Anzahl der Wagnerinszenierungen im Reichsgebiet zurück. Gerade kleinere Häuser hatten kaum die Mittel, diese materiell und personell aufwendigen Werke zu stemmen. Von den 11.409 Opernaufführungen, die während der Spielzeit 1936/37 an den Häusern innerhalb des Reiches aufgeführt wurden, lag der Anteil von Werken italienischer Komponisten bei 30,9 Prozent, der der französischen Komponisten bei 6,7 Prozent, wobei etwa Opern von Verdi und Puccini in deutschen Übersetzungen und nicht im italienischen Original gesungen wurden. Auf deutschsprachige Komponisten entfielen 58,9 Prozent.[120]

Generalintendant Heinz Tietjen traf die Auswahl der Opern weiterhin vorrangig nach dem Publikumserfolg, auch wenn dieser nicht unbedingt die Vorstellungen der NS-Ideologen abbildete. Das Haus Unter den Linden blieb trotz seiner Bedeutung für diplomatische Anlässe ein Abonnement-Theater, das zu jeder Spielzeit ein möglichst abwechslungsreiches Angebot bieten musste. Rudolf Bockelmann deckte in Berlin in der zweiten Hälfte der 30er Jahre nun

---

120 Franz-Heinz Köhler: *Die Struktur deutschsprachiger Opernhäuser von 1896-1966. Eine statistische Analyse.* Koblenz 1968. Seite 52.

ein vielfältiges Spektrum jenseits von Wagner ab. Schon 1935 hatte er in einer pompös monumentalen Neuinszenierung von Georg Friedrich Händels Oper „Julius Caesar" aus dem Jahr 1724 den Achilla gegeben, 1938 in der Neuinszenierung von Otto Nicolais „Die lustigen Weiber von Windsor" eine seiner selteneren Rollen in einer komischen Oper gesungen. 1939 gab er in Eugen d'Alberts „Tiefland" aus dem Jahr 1903 den Part des Sebastiano. Im selben Jahr trat er in Hans Pfitzners „Palestrina" von 1917 auf. Eine Erstaufführung in Berlin war am 8. März 1939 „Der Friedenstag" von Richard Strauss. Bockelmann sang neben Jaro Prohaska und Viorica Ursuleac. Am 28. März 1939 trat Bockelmann mit Helge Rosvaenge und Maria Müller in der Neuinszenierung von Verdis „Aida" auf, 1940 in Smetanas „Dalibor", die aus dem Jahr 1868 stammte, in der Rolle des Vladislav, des Königs von Böhmen. Bockelmanns Karriere hatte sich gewandelt. 1938 hatte die „Deutsche Saison" in London letztmalig organisiert werden können. Sponsoren hatten die Veranstaltungs-Wochen nicht länger unterstützen wollen, da sie mit Sängern der Berliner Oper Unter den Linden besetzt wurden, und die aus dem Nazi-Reich geflüchteten Künstler im britischen Exil somit ein weiteres Mal gedemütigt schienen. Schon 1936 hatten Teile der britischen Presse die politische Angepasstheit der deutschen Spitzen-Sänger vor dem Hintergrund kritisiert, dass zahlreiche Künstler aus Deutschland Zuflucht in Großbritannien gesucht hatten.

Bayreuth wurde immer mehr von der Freizeitorganisation „Kraft durch Freude" vermarktet, insbesondere seit dem Kriegsjahr 1940. Bis zu 30.000 Ausflügler sollte die Reichsbahn mit Sonderzügen zu den Festspielen fahren. Weil sich das bildungsferne Massenpublikum allein für die vergleichsweise heitere Oper „Die Meistersinger von Nürnberg" als begeisterungsfähig erwiesen hatte, sollte nur noch diese für das KdF-Publikum gespielt werden. Der Festspielcharakter war somit dahin. Im Gegensatz dazu riet der Sicherheitsdienst in den Geheimen Lageberichten der SS vom „Ring des Nibelungen" mit „Rheingold", „Die Walküre", „Siegfried" und „Die Götterdämmerung" ab. Denn „Menschen ungefähr desselben Geistesniveaus und desselben Bildungsgrades" hätten sich bei den „Meistersingern" weit gelöster gezeigt und sichtlich erfreut das

Festspielhaus verlassen.[121] Das sagt einiges darüber aus, was NS-Ideologen über den Intellekt ihrer „Volksgenossen" dachten.

Dieses Fazit wurde 1942 für eine bildgestalterisch geschickt arrangierte und montierte, gezielt inszenierte „Wochenschau" umgesetzt. Während einer konzertanten Aufführung der Berliner Philharmoniker mit Wagners „Meistersingern" unter dem Dirigenten Wilhelm Furtwängler finden einfache Menschen jeden Alters, Kriegsversehrte und Soldaten im Angesicht geflaggter Hakenkreuze scheinbar Erbauung. In dem im dokumentarischen und episodenhaften Stil inszenierten Propaganda-Spielfilm „Stukas" von Karl Ritter aus dem Jahr 1941 wird unter anderem die offenbar heilsame Wirkung des Besuchs der „Götterdämmerung" bei den Bayreuther Festspielen auf die Psyche eines labilen kriegsversehrten Luftwaffen-Offiziers geschildert. Das Bild zeigt Wehrmachtsangehörige, die offensichtlich aus der Melodie von „Siegfrieds Rheinfahrt" Vitalität gewinnen, und Szenen, die an Originalschauplätzen in Bayreuth entstanden. 1943 gab es noch einmal eine kurze „Wochenschau"-Sequenz mit Winifred Wagner sowie dem Schlussbild von der Festwiese der „Meistersinger" zur Werbung um KdF-Publikum für die allerletzte NS-Saison in Bayreuth.

Als Propaganda-Bremse erwiesen sich mit Kriegsbeginn die Bayreuther Pensionen, die sich zunehmend weigerten, KdF-Gäste einzuquartieren, da diese nur für eine Nacht blieben und das tägliche Wechseln der Bettwäsche zu unzumutbaren Kosten, also einem Minusgeschäft, führte.

In Berlin wurden die beiden großen Opernhäuser dagegen nicht für das KdF-Publikum geöffnet. Für die Arbeiterschaft und die Kleinbürger ließ das Propagandaministerium eine neue „Volksoper" einrichten. Spielstätte war das „Theater des Westens" und so gab es zum Beispiel im Dezember 1935 Humperdincks „Hänsel und Gretel", im September 1943 „Tristan und Isolde", „Tosca", „Arabella" von Strauss, „Undine" von Lortzing, „Die verkaufte Braut" von Smetana.[122]

---

121 Boris von Haken: *Der „Reichsdramaturg". Rainer Schlösser und die Musiktheater-Politik in der NS-Zeit.* Hamburg 2007. Seite 191f.

122 Überlieferte Programmzettel der „Volksoper".

Aus der Opernwelt gibt es erstaunlich wenige Filmdokumente der Wochenschauen. Ein dokumentarisches Zeugnis existiert aus der Bayreuther „Götterdämmerung“ von 1934 mit Max Lorenz und Frida Leider. Zu sehen sind auch Winifred Wagner und Heinz Tietjen. 1944 zeigten die Filmnachrichten das Konzert des Orchesters des Deutschen Opernhauses (Berlin-Charlottenburg) in einem „Panzerkampfwagenwerk“. Die Kamera fängt ausnahmslos ernst und abgekämpft schauende Arbeitskräfte ein, womit der aufbauende Effekt offensichtlich verfehlt worden war. Werbendes Medium für die Oper oder die Besuche von KdF-Konzerten war während der NS-Zeit weit mehr das Radio als die „Wochenschau“. So fehlen auch gänzlich Wochenschauaufnahmen, die die Spitzensänger der deutschen Opernwelt privat zeigen oder auch nur Karrierestationen schildern würden. Hier wurde die Vorgabe strikt umgesetzt und eingehalten, die Opernsänger nicht als „Stars“ in den Blickpunkt der Öffentlichkeit zu rücken. Und wenn tatsächlich einmal ein Ausschnitt aus einer Wagner-Oper in der „Wochenschau“ gezeigt wurde, blieb unerwähnt, wer gerade auf der Bühne stand oder welche Partie zu hören war. So wurden „Wagner“, „Bayreuth“ und „Meistersinger“ zu einer Chiffre für die deutsche und für die erwünschte Kultur. Mehr Information war nicht nötig und sollte auch gar nicht nötig sein. Auch im Spielfilm blieben Gesangsauftritte von prominenten Opernsängern selten, so 1943 der Tenor Peter Anders in „Nacht ohne Abschied“ mit einer Arie aus „Eugen Onegin“ von Tschaikowski. In den 30er Jahren hatten einige von den jüngeren und fotogenen Sängerinnen und Sängern der Staatsoper Filmverträge erhalten. Die Sopranistin Maria Cebotari wirkte seit 1936 in zehn Filmen mit. Erna Sack hatte 1936 die Hauptrolle neben Johannes Heesters in der Filmoperette „Nanon“. Carla Spletter und Helge Rosvaenge hatten 1936 die Starrollen in der Opernverfilmung von „Martha“ unter dem Titel „Letzte Rose“.

Rudolf Bockelmann war in der zweiten Hälfte der 30er Jahre vielfach zu Gastspielen und Konzerten in den deutschen Ländern unterwegs gewesen. Dies sollte helfen, die Sänger Bayreuths einem breiteren Publikum in den Provinzmetropolen bekannt zu machen.

Im Gegensatz zu seinen Jahren in Leipzig und Hamburg und den ersten Jahren in Berlin brachten die Kriegsjahre für Bockelmann nun kaum mehr neue künstlerische Herausforderungen. Die Staatsoper Unter den Linden brachte weitgehend ein Routineprogramm auf die Bühne, und man kann feststellen, dass das Ensemble des Hauses ebenso bei strammem Arbeitspensum umhergescheucht wurde wie die dienstverpflichtete Bevölkerung. Der Autor Ingo Fulfs sprach ausdrücklich von der „Dienstverpflichtung der Künstler", die als „nationales Kapital" eingebracht wurden. Für die Opernsänger bedeutete dies, dass sie selbst keinen Einfluss mehr auf ihren Einsatz und ihren Dienstort hatten.[123] Für Bockelmann kamen jetzt kaum noch neue Partien hinzu. An beiden Berliner Opernhäusern ging gegen Ende der 30er Jahre die Anzahl der Aufführungen von Werken Richard Wagners zurück und in der Spielzeit 1939/1940 rückte Verdi jeweils an die Spitze.[124] Werke von Tschaikowsky durften mit Beginn des Krieges gegen die Sowjetunion seit Sommer 1941 im Deutschen Reich nicht mehr gegeben werden. Noch am 31. Januar 1941 hatte es einen großen Erfolg mit Tschaikowskys Berliner Erstaufführung von „Die Zauberin" gegeben. Vom 9. auf den 10. April 1941 brannte das Opernhaus Unter den Linden infolge eines Luftangriffs aus. Das NS-Regime setzte die sofortige Wiederherstellung an, da die Staatsoper als Repräsentations- und Identifikationsobjekt als unverzichtbar angesehen wurde und der dauerhafte Verlust oder gar die Aufgabe des Spielbetriebs als Fanal für die drohende Kriegsniederlage hätte interpretiert werden können. Das Ensemble wich derweil in das Schauspielhaus am Gendarmenmarkt sowie in die Kroll-Oper aus, spielte in Budapest und Paris sowie auch bei der Truppenbetreuung. Für diesen Einsatz wurden sogar die Honorare in ihrer Gesamtheit erhöht, wobei offenbar die Auslandsgastspielreisen während des Krieges nicht zusätzlich vergütet wurden. Diese waren scheinbar Teil der „Dienstpflicht". Mehrere Autoren stellten fest, dass die prominenten Künstler dadurch immer mehr unter Kontrolle und Überwa-

123 Ingo Fulfs: *Musiktheater im Nationalsozialismus.* Marburg 1995. Seite 79.

124 Henry Bair: „Die Lenkung der Berliner Opernhäuser." In: *Musik und Musikpolitik im faschistischen Deutschland.* Herausgegeben von Hanns-Werner Heister, Hans-Günter Klein. Frankfurt am Main 1984. Seite 88.

chung höchster Stellen standen.[125] Exzellenz und Ruhm gaben auch talentierten Musikern keinen Schutz. Dies zeigte die Verhaftung des als Ausnahmetalent gewürdigten Pianisten Karlrobert Kreiten am 3. Mai 1943 am Vorabend eines Konzerts in Heidelberg durch die Geheime Staatspolizei. Mehrere Frauen aus dem familiären Umfeld hatten behauptet, dass er sich im privaten Kreise abfällig über das Regime geäußert habe. Vor dem Volksgerichtshof zum Tode verurteilt, wurde der erst 27 Jahre alte Kreiten am 7. September 1943 in Plötzensee hingerichtet.[126]

Nach der aufwendigen Wiederherstellung des Opernhauses Unter den Linden sollten vorrangig deutsche zeitgenössische Werke gespielt werden. Genau zum 200. Jahrestag ihres Bestehens wurde die Oper am 7. Dezember 1942 mit Wagners „Meistersingern" unter Wilhelm Furtwängler wiedereröffnet.[127] Rudolf Bockelmann gab von Kriegsbeginn bis 1945 923 Konzerte für Truppen, Winterhilfswerk und Fronttheater in Deutschland, Frankreich, Italien, den Niederlanden und Belgien. Gemeinsam mit dem Tenor Marcel Wittrisch hatte er zunächst eine Tournee durch Südwestdeutschland begonnen. Später gastierte er in Sachsen und Schlesien. Das ständige Reisen bei rationierten Verpflegungssätzen schwächte den 50-Jährigen zusehends. Nach den Bayreuther Festspielen von 1942 hatte er wohl zehn Kilo an Gewicht verloren und auch seine Stimme war dadurch angegriffen. Im Winter 1942/43 verbrachte er deshalb einen fünfmonatigen Urlaub an der Adria, um im milden Klima seine Stimmbänder zu kurieren. Er berichtete Heinz Tietjen offen in einem Brief, dass er wiederhergestellt sei und den Hans Sachs wieder ohne Einschränkung durchstehen könne. Für die Bayreuther Saison 1943 wollte er aber nur unter der Bedingung einer Verpflegungszulage zusagen und Winifred Wagner sagte ihm daraufhin ab mit der Begründung, dass sie ihm diese Forderung nicht erfüllen könne.

---

125 Ingo Fulfs: *Musiktheater im Nationalsozialismus.* Marburg 1995. Seite 83.

126 Theo Kreiten: *Wen die Götter lieben… Erinnerungen an Karlrobert Kreiten.* Düsseldorf 1950.

127 Hugo Fetting: *Die Geschichte der Deutschen Staatsoper.* Berlin 1955. Seite 252f.

Die Kulturpolitik und der Opernbetrieb fanden weiterhin keine im NS-Sinne zukunftsweisende und ideologiekonforme Linie. Die Uraufführung von „Das Schloss Durande“ aus der Feder von Othmar Schoeck am 1. April 1943 geriet zu einem neuerlichen kulturpolitischen Debakel. Hermann Burte hatte das in der französischen Revolutionszeit spielende Libretto nach einer Novelle von Joseph von Eichendorff verfasst. Obwohl das Werk erkennbar nationalsozialistischem Einfluss unterlag, empörte sich die politische Spitze an der dargestellten Lynchjustiz dem Adel gegenüber sowie dem metaphorisch, defätistischen Ende. Nachdem das Volk das Schloss Durande erobert und zum Nationaleigentum erklärt hat, explodiert es durch ein Missgeschick. Dies hätte als Fanal für das Ende des „Dritten Reiches“ interpretiert werden können, aber auch als Aufruf zum Ungehorsam, zu Putsch und Umsturz, denn die Spitzenpositionen in Wehrmacht, Luftwaffe und Marine waren vorrangig weiterhin mit Offizieren und Generälen adeliger Familien besetzt. Nach nur vier Aufführungen veranlasste Hermann Göring die Absetzung von „Schloss Durande“. Diese Oper sei „Bockmist“.

Neue NS-Opern wurden in größerem Umfang an den Opernhäusern der Provinzmetropolen uraufgeführt, kaum jedoch an dem Joseph Goebbels direkt unterstellten Deutschen Opernhaus in Berlin-Charlottenburg an der Bismarckstraße. Das Haus soll einer scharfen buchhalterischen Kontrolle unterworfen gewesen sein, zumal Intendant Wilhelm Rode zu prunkvollen Ausstattungen neigte und auch mehrfach ohne erkennbare Notwendigkeit große Tiere auf die Bühne brachte.[128] Allerdings hatte dieser Theaterbau auch ein größeres und tieferes Bühnenhaus, das Ausstattungen von pompöser Raumtiefe ermöglichte. Rode sah sich in Konkurrenz zur Oper Unter den Linden und auch zu Bayreuth und so inszenierte er auch 1934 „Tannhäuser“, 1935 „Die Meistersinger“ und den „Ring des Nibelungen“ jeweils mit sich selbst als tragenden Helden-Bariton. Rodes „Meistersinger“ nahmen in monumentaler Ausstattung der Festwiese sichtbare szenische Bezüge zum Nürnberger Reichsparteitag, ebenso die „Götterdämmerung“ unter Ver-

128 Werner Bollert: „50 Jahre Deutsche Oper Berlin.“ Berlin 1963. Seite 29.

wendung von Parteisymbolen wie der S-Rune auf dem Schild von Siegfried. Dies war eine gezielte Abgrenzung zum Haus Unter den Linden mit eindeutiger propagandistischer Intention. Eine Prestige-Inszenierung war 1934 Paul von Klenaus neue Oper „Michael Kohlhaas" gewesen, die auf Heinrich von Kleists literarischer Vorlage basierte und auf die verbürgte Geschichte des Hans Kohlhase zurückgeht, der im 16. Jahrhundert gegen das Kurfürstentum Sachsen seine Bürgerrechte vergeblich durchzusetzen versucht hatte. Mit „Idomeneo" und 1937 „Die Gärtnerin aus Liebe" brachte das Charlottenburger Haus zwei seltener gespielte Opern Mozarts heraus. Als bemerkenswerte Inszenierungen unter Rodes Intendanz galten 1937 Gaetano Donizettis (1797-1848) „Die Regimentstochter", 1942 Graeners „Schirin und Gertraude" sowie 1943 Antonin Dovráks (1841-1904) „Der Jakobiner". Mit Strauss' „Rosenkavalier", Webers „Der Freischütz", Bizets „Carmen" sowie mit den beliebtesten Opern von Verdi und Puccini richtete auch Rode sein Angebot am Publikumsgeschmack aus, um dem Propagandaministerium möglichst ein volles Haus nachweisen zu können. Ein Teil des Programms wurde allerdings auch hier aus Verlegenheitsgründen mit eher schon vergessenen Opern des 19. Jahrhunderts gefüllt, mit den Werken von Albert Lortzing, Humperdinck, d'Albert, Flotow und Weber oder auch Vicenzo Bellinis „Norma". Rode nahm keine neuen Opern des NS-Musikfunktionärs Hans Pfitzner (1869-1949) auf. Die Anzahl von neuen NS-Opern blieb aber auch hier insgesamt sehr gering. Vielmehr brachte Rode 1938 die Erstaufführung der italienischen Oper „Adriana Lecovreur" von Francesco Cilea aus dem Jahr 1902 in einer neuen deutschen Übersetzung. Dieses kann als ein versteckter Hinweis gedeutet werden, dass er von den neuen deutschen Opern nichts hielt. Wie auch am Haus Unter den Linden wurde in Charlottenburg kaum ein Wagnis eingegangen. „Inszenierungen fanden fortan nur noch als szenisches Arrangement statt", urteilte der Autor Max W. Busch 1984 über das Niveau des Hauses ab dem Jahr 1934.[129] Prachtvolle Kulissen und Kostüme sollten über die rein konventionelle Regie hinwegtäuschen. Von ei-

---

129 Max W. Busch in: *Die Deutsche Oper Berlin*. Herausgegeben von Gisela Huwe mit einem Essay von Götz Friedrich. Ludwigsburg 1984. Seite 21-24.

ner überladenen, nahezu kitschigen Üppigkeit berichteten Besucher der Operette „Die lustige Witwe", die 1938 unter Einsatz zahlreicher Pferde und einer bis ins Detail kunstvoll gestalteten romantischen Szenerie ein Publikumserfolg wurde, zu deren begeisterten Zuschauern auch Adolf Hitler zählte. Nicht in das ideologische Weltbild der NS-Zeit passte in dieser Inszenierung der amerikanische „Cakewalk", der typisch amerikanische Show-Tanz, den afroamerikanische Sklaven um 1840 nach Vorbild der eigenen Tradition unter Kombination eines Tanzes amerikanischer Ureinwohner populär gemacht hatten und der vor dem Ersten Weltkrieg auch in Europa zum Modetanz geworden war. Hier zeigte sich erneut, dass die NS-Musik-Ideologen musikwissenschaftlichen und auch musikhistorischen Zusammenhängen nie wirklich auf den Grund gegangen waren und sich somit in Widersprüchen verwickelten.

Unter Rodes Intendanz kontrovers diskutiert wurde Verdis „La Traviata" von 1935, die als ultramoderne Gegenwartsinszenierung in aktuell bürgerlicher Wohnzimmeratmosphäre die Großstadt-Zuschauer scheinbar unvermittelt aus ihrer privaten Realität abholte und Stimmen der Sänger im Saal auch über Radiolautsprecher wiedergeben ließ. Vor dem Hintergrund der Handlung um den fatalen Kampf einer Prostituierten um die wahre Liebe erblickten Beobachter gezielte Kritik an der neuen Spießbürgerlichkeit im nationalsozialistischen Gesellschaftsbild, andere sogar eine Anspielung auf Adolf Hitlers uneheliche Beziehungen, die gar nicht zum propagierten Familienbild passen wollten.[130]

Das Ensemble der Sängerschaft der „Deutschen Oper" in Charlottenburg galt im Rückblick und im Urteil der Nachkriegszeit als äußerst talentiert und hochkarätig, doch erlangten die Sänger während der NS-Zeit selbst im Inland nicht die Prominenz und das Ansehen der Kollegen des Konkurrenzbetriebes unter Heinz Tietjen, auch wenn 1938 hier Elisabeth Schwarzkopf und 1943 Rudolf Schock ihre Karrieren begonnen hatten. „Das künstlerische Personal jener Jahre war solide. Mit dem Glanz der Staatsoper konnte man an der Bismarckstraße nicht konkurrieren", urteilte Autor Max

130 Werner Bollert: *50 Jahre Deutsche Oper Berlin.* Berlin 1963. Seite 29. Max W. Busch: *Die Deutsche Oper Berlin.* Berlin 1984. Seite 24.

W. Busch.[131] Im Sommer 1943 wurde Wilhelm Rode überraschend abgesetzt. Der Hamburger Intendant Hans Schmidt-Isserstedt wurde Nachfolger, dessen Inszenierungen von Mozarts „Cosi fan tutte“ und „Die Hochzeit des Figaro“ sowie Gaetano Donizettis „Don Pasquale“ mit jungen Sängern scheinbar die neue Leichtigkeit der Regie-Ideen der Nachkriegszeit bereits vorwegnahmen und auch dem Aspekt des Schauspiels mehr Aufmerksamkeit zukommen ließen. Am 23. November 1943 wurde das Deutsche Opernhaus durch einen Fliegerangriff zerstört und der Spielbetrieb ging bis zum Herbst 1944 im Admiralspalast weiter. 1962 erschien zum 50jährigen Bestehens der Charlottenburger Oper erstmals eine Monographie. Der erste Satz des Autors Werner Bollert bezog sich auf die Tatsache, dass es im Gegensatz zur Staatsoper Unter den Linden kaum Literatur über dieses zweite Berliner Musiktheater gäbe.

Am 3. Februar 1945 wurde schließlich die Staatsoper Unter den Linden erneut durch einen Fliegerangriff zerstört.

Der Autor Hugo Fetting verwies 1955 im Auftrage der Ostberliner Akademie der Künste auf die personelle Stabilität und Beständigkeit der Berliner Oper Unter den Linden während der NS-Zeit:

> „Für fast ein Jahrzehnt wirkten namhafte Dirigenten wie Werner Egk, Robert Heger, Herbert von Karajan, Viktor de Sabata, Johannes Schüler am Stehpult der Staatsoper. Ihnen zur Seite standen so bedeutende Künstler wie Erner Berger, Maria Cebotari, Margarete Klose, Tiana Lemnitz, Maria Müller, Viorica Ursuleac, Peter Anders, Rudolf Bockelmann, Willi Domgraf-Faßbender, Eugen Fuchs, Max Lorenz, Jaro Prohaska, Helge Rosvaenge, Franz Völker, Marcel Wittrisch, Erich Zimmermann und andere. Ihrer großen Kunst gelang es, der Staatsoper auch in den Jahren 1933 bis 1945 eine gewisse künstlerische Bedeutung zu erhalten, wenn auch bei den meisten Aufführungen dieser Zeit der Schwerpunkt auf dem Musikalischen und Dekorativen und weniger auf dem Theatralischen lag. Gegenüber dem Gesang und der Ausstattung traten die Regie und das Spiel der Künstler in den Hintergrund.“[132]

---

131 Max W. Busch in: *Die Deutsche Oper Berlin*. Herausgegeben von Gisela Huwe mit einem Essay von Götz Friedrich. Ludwigsburg 1984. Seite 24.

132 Hugo Fetting: *Die Geschichte der Deutschen Staatsoper*. Berlin (Ost) 1955. Seite 250f.

Unter dem Generalintendant Heinz Tietjen, der von 1925 bis 1944 Leiter der Staatsoper sowie seit 1931 auch künstlerischer Leiter der Bayreuther Festspiele war, wurden während der NS-Zeit hinsichtlich der Regie keine Experimente mehr gewagt. Musiker und Sänger sollten das Beste geben und somit in erster Linie werkgetreu die Intention des Komponisten wiedergeben. Um Konflikte mit Ideologen zu vermeiden, verzichtete man auf eine individuelle Interpretation der Rahmenhandlung, aber auch auf eine Schauspielregie, die eventuell hätte missverstanden werden können. Umso mehr stechen die heftigen Reaktionen der Politik auf die Uraufführung neuer Opern hervor, die ihren propagandistischen Effekt vollkommen verfehlten. Hier zeigte sich schließlich das Scheitern der NS-Kulturpolitik. Es war nicht gelungen, eine nationalsozialistische Idee für die gewünschte neue Gegenwartsoper zu entwickeln, weder musikalisch noch thematisch. Die Ursache dafür lag darin begründet, dass konkurrierende Stellen auf höchster Ebene den Kulturbetrieb für einen Stellvertreterkrieg um ideologische Deutungshoheit missbrauchten. Aus diesem Grunde wohl griffen Tietjen wie Rode vorrangig auf beliebte Oldies unter den Opernwerken zurück.

So konnten die Mitglieder des Ensembles durchaus den Eindruck gewinnen, ihre Arbeit sei unpolitisch. Denn zu allergrößtem Teil sangen sie in Opern, die schon seit Jahrzehnten beim Publikum im In- und Ausland beliebt gewesen waren und die zu den internationalen Evergreens zählten. Beim deutschen Publikum gehörten auch während der NS-Zeit Verdi und Puccini zu den beliebtesten Komponisten. Unter den großen Sängern der Berliner Staatsoper, die christlicher Abstammung waren, emigrierte aus politischen Gründen nur der Bariton Herbert Janssen. Er war ein langjähriger Kollege Bockelmanns, der schon seit 1926 zur jährlichen Deutschen Saison am Londoner Covent Garden aufgetreten war. Noch 1937 Parteimitglied geworden und zum Kammersänger ernannt, verließ er Deutschland wegen der zunehmenden Verfolgung Homosexueller. Über die Opernhäuser in Wien und Buenos Aires gelangte er 1939 an die Metropolitan Oper New York, der er bis 1951 angehörte.

Aus Rudolf Bockelmanns Briefen, die er an zahlreiche Weggefährten schrieb, spricht eine keinesfalls offene, aber dennoch scharfsinnig und frühzeitig formulierte Kritik. Denn er sah schon in den 30er Jahren, dass kein Nachwuchs mehr herangebildet wurde, der die immer älter werdenden Sänger für die Wagner-Partien ersetzen konnte, und vor allem auch, dass Nachwuchs fehlte, dem die Beseeltheit, die Berufung und die Begeisterung zur höchsten Kunst um ihrer selbst willen antrieb. Die „befohlene" Kunst löste in Bockelmann offensichtlich Abwehr und Verachtung aus und vor einem bestellten Parteipublikum auftreten zu müssen, dem Opernmusik aus Gründen der Staatsräson als Pflicht auferlegt worden war, minderte zwar nicht den hohen Anspruch, den er an sich selbst stellte, wohl aber seinen Optimismus, dass unter der NS-Herrschaft die von ihm erwartete Modernisierung der Wagner-Opern und des Festspielbetriebs überhaupt erfolgen könnte. Auch in einem Brief an Walter Ohk mokierte er sich über Konzerte für „Kraft durch Freude". Die von ihm durch die NS-Bewegung erwartete Modernisierung des Bayreuther Festspiel-Betriebs sah er bald weniger optimistisch, sah er sich doch nach wie vor einem deutlich überalterten Publikum gegenüber, dem die Erwartungshaltung und die Begeisterung für Neuerungen fehlte.

Bockelmann schrieb 1937 über Bayreuth:

> „Ginge es so weiter, wie es noch vor sechs Jahren aussah, würde sich Bayreuth zugrunde richten. Nicht alles ist gut. Dankbar sehe ich, dass aber der Wille da ist, endlich einmal aus der Erstarrung herauszukommen. Bayreuth schafft es, wenn das Publikum es schafft. Wer hierher kommt, ist leider oft so verplüscht und verstaubt wie es Bayreuth selbst war. Bayreuth braucht ein neues Publikum. Ich weiß, dass ist eine freche Forderung. Doch ich denke, dass dadurch der Umschwung viel eher herbeigeführt werden könnte. Organisationen müssten eingespannt werden, um auch im Parkett junges Blut pulsen zu lassen. Äußerlich ist hier ein Beginn getan, was aber die Interpretation anbetrifft, so glaube ich, sind wir heutzutage auf einem Höhepunkt angelangt, der sich etwas halten mag, aber nach dem Absterben unserer Generation schwerlich seine Fortsetzung finden wird."

Bockelmann sah sich als Träger des künstlerischen Wandels in Bayreuth und war überzeugt, dass keine Sängergeneration zuvor Richard Wagner in der Interpretation in solcher Absolutheit im Geiste des Komponisten umgesetzt und Wagner von Gesang und

Stimme zu klarer Kunst geführt hatte. Seine Kritik am alten Bayreuther Stil richtete sich gegen übertriebene Theatralik mit Posen und Gesten in der Darstellung und einem unnötigen Manierismus im gesanglichen Ausdruck. Wagners Witwe Cosima und Sohn Siegfried hätten das musikalische Erbe verwaltet, sich aber keinen neuen Welten und Deutungen geöffnet. Siegfried Wagner hatte in Zeiten der Weltwirtschaftskrise kein unternehmerisches Risiko eingehen wollen und Investitionen nicht ins Auge gefasst. So lag der angestaubte Ruf Bayreuths auch in veralteter Bühnentechnik begründet, einer Ausstattung und einer Regie aus der Zeit, als die Theatersäle noch mit Wachskerzen und später mit Gaslicht beleuchtet worden waren. In der mitunter diffusen und trüben Beleuchtung waren die Sänger zu dramatischen Gesten angehalten, damit auch das in der letzten Reihe und im obersten Rang sitzende Publikum jeweils klar erkennen konnte, wer gerade im Halbdunkel sang und um was es ging. Da Gaslichter ebenso wie Wachskerzen einen beträchtlichen Sauerstoffverbrauch zur Folge hatten, sparten die Sänger mit körperlicher Aktion auf der Bühne, um Kraft und Atemluft für die Stimme zu haben, und gestikulierten deshalb lediglich starr auf der Stelle. Nachdem elektrische Beleuchtung üblich geworden war, hielt man jedoch vielfach an der überkommenen Darbietungsform fest, weil das Publikum nur diese als werkgetreu und im Sinne des Komponisten akzeptierte und anerkannte.

Bockelmann schrieb 1937 weiter:

> „Wir singen, wir posaunen nicht. Schlichtheit ist unser Prinzip, Verinnerlichung, keine leere Gestik, kein leeres Gesäuse. Wo ist noch ein Sänger, der wie 1928 im Weimarer Stil seine Arme hebt und wie eine Marionette die kühnen Götter mimt? Wo ist noch das brutale Röhren, um eine Kampfstimmung der Götter anzudeuten? Wir singen nicht mehr das Material, wir singen die Idee. Frau Winifred hat dieses Gespür mitgebracht, dass so wie sich die Zeiten wandeln, auch die Interpretation bestimmter Werke sich ändern muss. Um 1900 haben Rosa Sucher und Edith Walker für ihre Zeit Mustergültiges geleistet. Die hervorragende Interpretation der feinfühligen Kirsten Flagstad hätte man wahrscheinlich überhaupt nicht verstanden. Man hätte sie womöglich ausgepfiffen, weil sie nicht genügend geschwelgt, gelechzt, geröhrt und gerührt hätte. Der Interpret ist vom Zeitgeist abhängig. Nach uns werden sich Sänger und Sängerinnen auch einen anderen Stil aneignen, der von dem unseren abweicht."

Bockelmanns unveröffentlichte Betrachtungen gleichen einer Gedankensammlung, können von ihm als Entwurf gedacht gewesen sein, sich mittelfristig oder bei gegebenem Anlass für eine Professur zu empfehlen. In den frühen 50er Jahren konkretisierte er seine Überlegungen und erklärte am Beispiel der „Meistersinger" seine Überzeugung von der gelungenen gesanglichen Umsetzung.

Nach dem Krieg schrieb Rudolf Bockelmann über seine Rollen als Hans Sachs und Wotan, dass er diese Figuren „erst geboren" habe. Er vertrat die Ansicht, dass erst seine Interpretation und technische Herangehensweise die Intention Richard Wagners für diese Figuren erfasst und umgesetzt habe, da dieser die Idee der „unendlichen Melodie" geprägt hatte. Wagner wünschte, dass seine Texte auf der Melodie „perlten". Dieses Konzept stand als Neuerung der älteren Nummernoper gegenüber, die geschlossene Gesangsstücke durch mehr gesprochene Rezitative und Dialoge verbunden hatte. Dieses von Wagner selbst formulierte Konzept einer komplett durchkomponierten Oper sah Bockelmann vielfach durch Kollegen missachtet. Er sei genauso Musiker wie Sänger und singe deshalb in die Melodie hinein. Damit drückte er das Empfinden vieler Kritiker aus, die meinten, Bockelmann gebe Hans Sachs und Wotan durch seine Stimme eine Identität und Seele. Der Kritiker Rudolf Maack, der auch im NS-Fachmagazin „Neues Musikblatt" publizierte, schrieb über Rudolf Bockelmann nach der Radio-Übertragung des vollständigen Rings aus Bayreuth 1936:

> „Er meidet alle Naturalismen in Ton und Tonführung, selbst sein Lachen ist noch gestaltet. Noch ein Ruf wie ‚Fafner erwache!' ist reiner Gesang. In vielem mag die Rolle ihn bestimmen. Wotan ist jenseits menschlicher Erregtheit. Indessen die Schlichtheit, in der das Erhabene bei ihm erscheint, quillt aus dem einmalig Persönlichen des Künstlers. Bockelmann ‚singt' die ganze Rolle. Seine Atembögen und seine Tongestaltung sind immer vorbildlicher Gesang, und alle Ausdrucksmittel sind dem gesanglichen eingeschmolzen."

Bockelmann selbst machte dafür seine starke Sehschwäche verantwortlich, die es ihm kaum ermögliche, die Signale des Dirigenten wahrzunehmen und zu beobachten. Während der Vorstellung trug er Kontaktlinsen. Gleichsam einem Blinden hörte er in die Instrumente hinein und verließ sich mehr auf Gehör und die Konzentration und erzielte mit dem Orchester eine Harmonie. Im Unterschied gaben Kollegen wie Jaro Prohaska eher das vortragende Rezitativ, da sie dem Ausdruck der Textvorlage im Sinne der Betonung des gesprochenen Wortes folgten und diesem mehr Dominanz zumaßen als der musikalischen Begleitung. Ihr Part und die Musik erscheinen dann asynchron nebeneinander her zu laufen, bisweilen gleichzeitig diametral entgegengesetzte Stimmungen zu suggerieren. Die von Wagner formulierte und proklamierte „unendliche Melodie“ vermag der Zuhörer dann gar nicht wahrzunehmen, weil die Stimme die Musik konterkariert und beides einander stört. Dies resultierte aus dem Bemühen des Sängers, textverständlich zu singen, wobei dann der Bezug zur Melodie verloren ging. Bockelmann sah deshalb die Partien seiner zeitgenössischen Kollegen und Vorgänger vielfach fehlinterpretiert. Dies wirft die Frage auf, ob Wagners gerade heute noch umso altertümlicher anmutende Grammatik der Idee der unendlichen Melodie nicht entgegenstand, seine Texte mitunter nicht singbar sind, bisweilen schon im Textbuch der Sinn und Inhalt durch holprige, unelegante, kaum flüssige Wortabfolgen schwer nachvollziehbar und vom Sinn unverständlich sind. Dies gilt wohl besonders für „Rienzi“ und „Tannhäuser“, die auch deutlich weniger gespielt wurden. So gibt es auch bis heute immer wieder den Widerstreit zwischen Harmonie und dem Bestreben nach Textverständlichkeit. Denn dahinter stand ja die Idee des deutschen Nationaltheaters, in dem für jedermann verständlich deutsche Texte vorgetragen werden sollten. So war es sicherlich auch ein äußerer gesellschaftspolitischer Druck, der Sänger veranlasste, der Verständlichkeit des Wortes die Priorität zu geben, deshalb in den Sprechgesang abzugleiten, den Wagner gerade nicht gewünscht hatte. Die Oper „Die Meistersinger von Nürnberg“ verdankte ihre Beliebtheit wohl gerade der besseren Singbarkeit und Verständlichkeit ihrer Texte, denen leichter zu folgen war als denen anderer Wagner-Opern, die leichter und heiterer klang und in der der Zuhörer nicht so schnell den Faden verlor.

In der Ausgabe der „Celleschen Zeitung“ vom 13. April 1957 erklärte Rudolf Bockelmann seinen Zugang zu Gesang und Musik:

> „Wenn es unter den Paulinern einen gäbe, der mich in meiner Pennälerzeit gekannt hätte, so würde er sich wahrscheinlich erinnern, dass ich damals in

einer der üblichen lustigen Kneip-Bierzeitungen karikiert worden bin, vor einer Wagner-Büste kniend, mit Taktstock in der Hand, also nicht etwa im Wotan-Kostüm! Mein Primaner-Traum war ja, trotz des vom strengen Vater vorgeschriebenen Philologie-Studiums, einmal Kapellmeister zu werden. Das war der Grund, weshalb ich – für einen Norddeutschen ungewöhnlich – Leipzig als Musenstadt wählte, die hervorragendste Musikstadt des damaligen Deutschen Reiches, in der der berühmteste Kapellmeister wirkte, Arthur Nikisch.
Durch meine überdurchschnittliche stimmliche Begabung war ich zwar zum Sängerberuf prädestiniert, und doch bin ich in den ersten Jahren keinesfalls ein hundertprozentiger Sänger gewesen. Mehr als die sängerische Aufgabe interessierte mich die Musik als solche, so dass ich gewissermaßen mehr ‚musizierte' als sang, wenn ich auf der Bühne stand. Abgesehen davon, dass ich bei meiner Kurzsichtigkeit (-7,0 dioptr.!) die Zeichengebung des Dirigenten niemals erkannte, jeden Einsatz, jedes Tempo meiner Rolle also haarscharf im Kopf haben musste, war ich gefesselt von dem Klang des Orchesters, kannte viele Einzelheiten der Instrumentierung, ich fühlte mich getragen und erhoben von der Polyphonie der Klänge, ich empfand eine Beglückung, die mich heute nicht verlassen hat. Es vergeht zum Beispiel keine Meistersinger-Aufführung, in der ich nicht zu Beginn des dritten Aktes bei noch geschlossenem Vorhang schon in meinem Sachs-Stuhl sitze und die unsterbliche Musik des herrlichen Vorspiels auf mich wirken lasse."[133]

---

133 *Cellesche Zeitung* vom 13. April 1957.

Von Hamburg nach Dresden

Ansehen statt Luxus

Mit dem Briefkopf des Kammersängers Rudolf Bockelmann der Staatsoper Berlin bedankte er sich aus seinem Wohnhaus am Lietzensee-Ufer 6 aus Berlin-Charlottenburg am 11. Mai 1942 für die von Ohk telegrafisch übermittelten Glückwünsche zum 50. Geburtstag.[134]

Bockelmann hatte zahllose Gratulationen von der politischen Führung und der Spitze der Musikwelt erhalten.[135] Wie Bockelmann hier bestätigt, lag der letzte Kontakt zu Ohk eine Reihe von Jahren zurück. Offenbar hatten sie während der gesamten NS-Zeit hinweg, seit ihrem Wiedersehen in Hannover, keine Korrespondenz miteinander geführt. Unter den offiziellen Glückwünschen sei auch ein „wunderbares" schwersilbergerahmtes Bild des Führers mit „herrlich langer" Widmung. Gleichwohl sinnierte er erneut über seine Zukunft. Im Alter von 40 Jahren seien Opernsänger zumeist noch nicht auf der anerkannten Höhe, und mit 60 vielleicht noch nicht vergessen, so doch sicher durch neue Sterne ersetzt. Er hoffe, zunächst noch weitere fünf Jahre zu bleiben, und was das Schicksal dann mit ihm vorhabe, mache ihm einstweilen noch keine Sorgen. Es gäbe Leute, die ihn schon später irgendwo als Intendant einer Oper sähen.

> „In Hannover war ich ja schon lange nicht, aber ich nehme als sicher an, dass mich im nächsten Winter ein Liederabend dorthin führt, da der Gau-Südhannover-Braunschweig mit mir verschiedene KdF-Konzerte in Hannover, Braunschweig, Göttingen etc. durchführen will. Kürzlich war ich mit einem Liederabend in Hamburg, es war für das Publikum wie für mich ein besonderes Fest, einmal, weil ich ja dort immer noch (obwohl schon 10 Jahre weg) meinen starken ‚Anhang' habe, und zweitens wegen des besonderen Programms, das insofern neuartig ist, als das kein Sänger dies bisher gemacht hat. Ich lege es bei, aus den Texten können Sie schon etwas entnehmen. Dieses Programm könnte ich natürlich auch in Hannover machen, aber

---

134 Maschinengeschriebener Brief auf Briefpapier mit Bockelmanns persönlichem Briefkopf und privater Anschrift.

135 Staatsarchiv Hamburg. Nachlass Rudolf Bockelmann. 622-1/223 Nr. 12.

> ich muss erst klären, wie sich dort das sogenannte ‚KdF-Publikum' zusammensetzt, denn das Programm setzt natürlich ein gewisses Niveau voraus."

Bockelmann berichtet von einer vergleichsweise ruhigen Kriegslage in Berlin während des zurückliegenden Winters. Die „Tommies", also die britischen Luftangriffe, seien nur wenige Male gekommen. Im Winter vorher habe es kaputte Fensterscheiben gegeben und auf dem Dachboden seien einige Brandbomben zu löschen gewesen. Seine Töchter seien dann wegen der allgemeinen nervösen Stimmungslage in Charlottenburg für ein Dreivierteljahr privat in Eisenach untergekommen.

Bockelmann sollte am 12. Mai 1942 für fünf Tage zu Gastspielen nach Danzig, wobei er überhaupt öfter unterwegs sei. Die Staatsoper Unter den Linden sei noch nicht wieder hergestellt und in der Kroll-Oper würden aus technischen Gründen verschiedene große Opern nicht gegeben, so dass er dort relativ wenig zu tun habe. Die Theater Berlins seien enorm besucht, wie wohl noch nie.

Er beklagte zudem die Versorgungslage in Berlin. Es sei schon etwas schwierig geworden. Nach reichlich häufigen Steckrüben gebe es nunmehr nur „Dörrgemüse" und gelegentlich etwas Spinat oder Salat. So kam er wieder auf das Spargelangebot Ohks zu sprechen und bat um Zustellung per Bahnexpress an den Bahnhof-Charlottenburg, wo er ihn dann schnell selbst abholen könne.

Am 12. Juni 1942 bedankte sich Bockelmann bei Ohk für die zugestellte Spargellieferung. Offenbar hatte Ohk Bockelmann vom Kriegsdienst seines Sohnes und seiner Schwiegersöhne berichtet, denn Bockelmann wünschte diesen eine glückliche und gesunde Heimkehr und regte ein Wiedersehen mit Ohk in Hannover an.[136]

Doch dazu kam es nicht mehr. Den nächsten Brief erhielt Ohk aus der Bahnhofstraße 260 in Bovenden bei Göttingen. Bockelmann hatte ihn am 4. Januar 1946 verfasst.[137]

> „Nach langer Zeit ein Lebenszeichen! Seitdem Sie mir so freundlich zu meinem 50. Geburtstag schrieben, sind nun bald vier Jahre vergangen und das

---

136 Handschriftlicher Brief auf offiziellem Briefpapier des Kammersängers mit gedrucktem Briefkopf, gesendet von seiner Wohnadresse am Lietzensee-Ufer 6 in Berlin-Charlottenburg.

137 Verfasst in Maschinenschrift.

erbarmungslose Rad der Weltgeschichte ist buchstäblich über uns hinweggegangen! Ich hoffe zu Gott, dass es Sie und Ihre lieben Angehörigen einigermaßen verschont hat und Sie sich alle eines guten Befindens erfreuen. Da ich inzwischen im Hannoverschen untergekommen bin, täglich in den alten Papieren, Schriftstücken, Zeitungsartikeln, die mein gerettetes ‚Archiv' enthält, herumstöbere, weilen meine Gedanken mehr in den alten, schönen Zeiten, und so möchte ich Ihnen einen kleinen Bericht geben, nachdem ich im Hannoverschen Telefonadressbuch Ihre (natürlich vergessene) Anschrift entdeckt habe."

Im November 1943 war die Berliner Wohnung bis auf einen kleinen Teil durch Bomben verloren gegangen. Die Familie fand eine Zeitlang Quartier in Bayreuth. Im Sommer 1944 folgte der Umzug nach Salzburg, da Bockelmann dort als 1. Gesangslehrer an das „Mozarteum" (Hochschule für Musik) berufen wurde:

„Ich wollte und sollte diese Tätigkeit neben meiner Opern- und Konzerttätigkeit, die nicht wesentlich eingeschränkt zu werden brauchte, ausüben. Der ‚totale Krieg', sprich Selbstmord, der die Schließung der Theater und Hochschulen bedeutete, ließ diesen Plan nicht mehr zur Verwirklichung kommen."[138]

Seit 1943 sei er als ewig ruheloser Komödiant umhergereist, habe Konzerte über Konzerte gegeben, unter den schwierigsten Reiseverhältnissen, aber immer in dem Bestreben, seinen schönen Beruf auszuüben, wo immer es möglich war, und den geplagten Menschen etwas Freude und Abwechslung zu bringen. Von Mitte Januar 1945 an sei auch das Konzertieren nicht mehr möglich gewesen.

„Allerdings haben wir lange Zeit sehr gehungert, mussten uns auch nach dem Einmarsch der Amerikaner, die sich übrigens sehr korrekt benahmen, von den Österreichern, von denen plötzlich – trotz des Heilsgebrülls von 1938 – niemand ein ‚Nazi' gewesen war, als lästige Ausländer behandeln, ja schikanieren lassen, so dass wir nichts sehnlicher wünschten, als dieses ungastlich gewordene Land zu verlassen. Doch hatte es damit lange Zeit hindurch gute Weile; ich lag ca. zwei Monate wegen völliger Entkräftung im Lazarett, hatte nur noch 58 Kilogramm Gewicht. Ende September bin ich solo fort von dort, um in Deutschland Quartier zu machen, und Ende Oktober konnte meine Familie endlich nachfolgen, im Massentransport im Vieh-

138 Die Schließung der Reichshochschule für Musik Mozarteum in Salzburg erfolgte am 4. September 1944.

> wagen, aber gottlob mit unserem ziemlich umfangreichen Gepäck in Koffern und Kisten."

In Bovenden kam die Familie auf dem Anwesen eines Kriegskameraden von Rudolf Bockelmann unter, der schon im Sommer '43 einige Möbel und Hausrat bei sich untergebracht hatte.

> „Hier gehts uns leidlich gut, wir sitzen einigermaßen warm, nachdem wir im Walde fleißig Holz gesammelt und aufgearbeitet haben. Doch das Leben in der reichlich primitiven Ländlichkeit ist nicht einfach, /.../ und letzten Endes ist es eben doch kein Trost, dass es viele Tausende Heimatloser heute noch schlechter haben. Doch das muss alles durchgestanden werden, und nur der Blick nach vorwärts und aufwärts hat einen Sinn. /.../"

Seine berufliche Zukunft sei noch völlig ungeklärt. Gesundheitlich gehe es ihm wieder gut, er habe etwa 75 Kilogramm zurückerobert, fühle sich körperlich frisch und munter.

> „Der Stimme kann dies alles nicht geschadet haben, da ich ja lange Zeit geschwiegen habe. Zum Frühjahr hoffe ich wieder anzufangen und habe die leise Hoffnung, dass es mir gelingt, mir in Hamburg, wo ich ca. sechs Jahre war und auch heute noch nicht vergessen bin, eine neue Existenz aufzubauen. Ich war im Oktober einige Tage dort und habe versucht, alte Beziehungen neu zu knüpfen."

Bockelmann plante eine Fahrt nach Hannover, um dort mit den englischen Dienststellen für eine Freigabe Kontakt aufzunehmen: „Da ich acht Jahre hindurch 1. Bariton bei den deutschen Aufführungen der Londoner Covent Garden Oper war – als Sachs und Wotan – bin ich den Engländern, die für Musik interessiert sind, kein Unbekannter. Ich muss nur an den richtigen Mann geraten."

Noch im Jahr 1946 trat Bockelmann wieder an der Hamburger Staatsoper auf, in Henry Purcells „Dido und Aeneas", gefolgt von Wagners „Tristan und Isolde". Es ergab sich daraus jedoch kein fester Vertrag. Sein früherer Berliner Bariton-Kollege Jaro Prohaska erhielt 1947 eine Professur an der Berliner Musikhochschule, die er bis 1959 ausübte, ebenso Frida Leider, die dort von 1948 bis 1958 lehrte. Der Tenor Fritz Wolff (1894-1957), der ebenfalls mit Bockelmann viele Stationen geteilt hatte, war seit 1950 an der Musikhochschule München im Lehrbetrieb tätig. Bockelmann unternahm einiges, um sich in Hamburg für eine Professur zu empfehlen, hielt

Vorträge zur Gesangstechnik, schrieb Beiträge zur Nachwuchsförderung, gab Gesangsunterricht und leitete als Pädagoge Stimmproben beim NDR. Mit einem Artikel im Wochenblatt „Die Zeit" berichtete er 1950 von seiner Gastspielreise nach Frankreich, deren Erfolg in Vichy mit dem „Tristan" er als Beitrag zur Versöhnung wertete. Ein neuerlicher Höhepunkt wurde 1951 das Solo-Konzert im NDR-Rundfunk unter Leo Blech, dem emigrierten früheren Generalmusikdirektor der Berliner Staatsoper.

Es gab auch für einen „Meistersinger" nach dem Zweiten Weltkrieg neue künstlerische Herausforderungen. Davon berichtete er im nächsten Brief an Ohk. Rudolf Bockelmann wohnte inzwischen in Hamburg, Flemingstraße 16[139], und erwiderte am 24. April 1952 auf das Glückwunschschreiben des Konservenfabrikanten Ohk zu seinem 60. Geburtstag:

> „Fast noch mehr freute ich mich aber, als ich in Hannover hörte, sie seien in den ‚Meistersingern' gewesen. Als ich dann danach zum Blacher-Oratorium[140] wieder in H. war, hätte ich sie gern besucht. Doch diese verzwickte Musik machte mir einiges Kopfzerbrechen; ich hatte die Aufgabe ja erst einige Tage vorher übernommen, und trotz des (mehr oberflächlichen) Studiums der Partie zu Hause in Hamburg merkte ich eigentlich erst auf der ersten Orchesterprobe, wie sehr schwer diese Musik ist. In dieser Art moderner Musik bin ich ja nicht zu Hause, da sie für die Stimme meist keine eigentliche sängerische Aufgabe stellt, da es größtenteils eine Musik ist, auf der die Stimme nicht wohlig ruhen und aufblühen kann. Ich hatte also in den zweieinhalb Tagen alle Konzentration nötig und durfte mich nicht ablenken lassen, so gerne ich Ihnen einmal persönlich guten Tag gesagt hätte.
> Von Ihnen wieder einmal zu hören, weckte schöne Erinnerungen wach. Erst recht, wenn man 60 wird und sich klar macht, dass unsere gemeinsame Zeit mehr als 40 Jahre zurückliegt. Was hat sich da alles ereignet! Was für einen herrlichen und von vielen beneideten Berufsweg habe ich hinter mir. Gottlob habe ich – bis zu übrigens fast völligem Verluste meiner Habe – aus dem unseligen Krieg eine große Kiste gerettet mit all meinen beruflichen Erinnerungen, wie alte Programme, Bilder, Zeitungskritiken usw. Wenn ich darin heute manchmal blättere, scheint mir Manches wie ein Märchen! 14 Jahre Bayreuther Festspiele, acht Jahre Gastspiele an der Covent Garden Opera London, fast sämtliche europäischen Hauptstädte sah ich, von den zahllosen

---

139 Bockelmann wohnte in einem gründerzeitlichen Stadthaus in der Flemingstraße, östlich der Alster und westlich des Hamburger Stadtparks im Stadtteil Winterhude.

140 Boris Blacher (1903-1975): Der Großinquisitor. Oratorium, Chor und Bariton. Uraufführung 1947 im Admiralspalast Berlin.

deutschen Konzertpodien gar nicht zu reden. Nur ein Pech hatte ich. Jedenfalls erschien es nach 1945 so: dass meine künstlerische Hochform in die Zeit des unseligen 3. Reiches fiel! Eine Hamburger Zeitung wollte mich zum 2.4. interviewen, aber ich habe das abgelehnt, Wir Deutschen sind ja ein komisches Volk. 1918 war alles schlecht, was unter Wilhelm II gewesen war, 1933 alles schlecht an der Weimarer Republik und jetzt ist es so, dass gewisse Leute am liebsten die Autobahnen sprengen würden, denn auch die taugen ja nichts! In unserem Beruf hat das ja zu den seltsamsten Erscheinungen geführt.

Über meine Erlebnisse, Enttäuschungen, Sorgen und Nöte seit 1945 könnte ich viel erzählen. Sie waren sowohl seelisch wie auch körperlich (40 Pfund Verlust) bedingt und da Singen eine Leib-Seele-Angelegenheit ist, war es kein Wunder, dass ich längere Zeit nicht in Form war. Dass ich es wieder bin, habe ich innerhalb der letzten zwei Jahre in 25 Sachs-Gastspielen in Westdeutschland reichlich bewiesen, und die Auslassung der ‚Hannoverschen Presse' nach meinem Sachs-Gastspiel war ja auch vielsagend genug."

Immerhin sei es nicht üblich, dass ein Sänger, der 50 geworden sei, künstlerisch noch auf der Höhe sei, und die Agenten und Intendanten hielten Künstler in diesem Alter ohnehin für passé. Die meisten Kollegen seien das ja auch. „So habe ich einen latenten und teilweise öffentlichen Kampf geführt in den letzten drei Jahren, einen Kampf um meine nächste Lebensrichtung."

Sein seit langen Jahren gehegter Plan, sich der pädagogischen Arbeit zu widmen, sei ihm zum kleinen Teil zur Widerlichkeit geworden, durch privaten Gesangsunterricht für Schüler, die nur halbbegabt gewesen seien.

„Meine 1944 bereits erfolgte Berufung an die Musikhochschule Mozarteum in Salzburg wurde durch das Kriegsende hinfällig, da die Reichsdeutschen raus mussten aus Österreich.[141] Trotz meiner vielen und weitreichenden Beziehungen und persönlichen Bekanntschaften mit fast allen namhaften Dirigenten, Intendanten u.s.w. konnte mir aber bis jetzt keiner helfen – jeder hat halt mit sich und seinem Ruhm zu tun!

Sehr enttäuschend war für mich, dass die Stadt Hamburg versagte. Neid, politische Gründe, Feigheit – ich weiß es nicht. Als ich 1946 hierher zurückging, wo meine große Karriere begann, hoffte ich Fuß zu fassen für irgend eine berufliche Arbeit und Stellung, aber tatsächlich bin ich fast aufs tote Gleis geschoben worden, obwohl in der SPD-Regierung Männer sitzen, die

141 Rektor der Hochschule für Musik in Salzburg war von 1939 bis 1945 der Dirigent Clemens Krauss (1893-1954). Er war in zweiter Ehe mit Bockelmanns Kollegin an der Staatoper Berlin, der Sopranistin Viorica Ursuleac, verheiratet.

mich seit 25 Jahren kennen. Der Intendant der Oper[142] hat es zum Beispiel nicht über sich gebracht, mich als Sachs gastieren zu lassen, mich, wo ich diese schönste aller Bariton-Rollen ‚geboren' habe."

Neuerdings aber dürfe er sich nicht mehr beklagen. Derselbe Intendant habe ihm kurz vor Ostern die Regie für die Mai geplante Neu-Inszenierung des „Tristan" angeboten. Regie führe er nun zum ersten Male. Das sei eine herrliche Aufgabe, die ihn ausfülle und brennend interessiere. Verpflichtet worden seien lauter jüngere Sänger und seit vier Tagen liefen die Proben. Das sei nicht leicht, weil die Enge der Behelfsbühne eigentlich Wagner gar nicht zulasse. Mit 60 Jahren so eine neue Aufgabe gestellt zu bekommen, sei schön. Auch die Familie sei glücklich und Freunde gratulierten ihm höflich. Es sei fast schon Stadtgespräch in Hamburg gewesen, dass Bockelmann so wenig beachtet werde.[143]

Ohk war mittlerweile um die 75 Jahre alt und hatte im Vorjahre seine Ehefrau verloren. Bockelmann schlug ein erneutes Treffen in Hannover vor. Denn er singe dort zur Eröffnung der Messe in der Niedersachsen-Halle auf Engagement durch den Dirigenten Dr. Helmuth Thierfelder, seinem alten Freund aus der Universitäts-Sängerschaft zu St. Pauli in Leipzig, und wohne im Central-Hotel. Thierfelder leitete von 1938 bis 1964 das 1934 gegründete Niedersächsische Symphonieorchester in Hannover.

Aus der Dresdner Ernst-Thälmann-Straße 21 schrieb Bockelmann am 19. Mai 1957[144] einen Dankesbrief an Ohk für dessen Glückwünsche zum 65. Geburtstag.

„Ich denke zurück an die Zeit vor mehr als 50 Jahren, wo ich Sie zum Klavier begleitete, nicht ahnend, dass mein Leben dem Gesang gewidmet sein

142 Günther Rennert (1911-1978). Intendant der Hamburger Staatsoper von 1946–1957. Rennert war promovierter Jurist, studierte danach Musik und Schauspiel, war unter anderem von 1940 bis 1942 Oberspielleiter der Oper in Königsberg und 1942/43 Leiter des „Deutschen Opernhauses Berlin" (vormals Städtische Oper Charlottenburg). Nachfolger Rennerts in Hamburg wurde 1957 Heinz Tietjen.

143 Rudolf Bockelmann schreibt im folgenden Absatz persönliche Details zum Werdegang seiner Töchter und zum Befinden seiner Ehefrau, was an dieser Stelle nicht wiedergegeben werden soll, und spricht dann den Adressaten Ohk direkt an.

144 Handschriftlich ausgeführt auf Blankopapier ohne gedruckten Briefkopf.

würde. Ich denke daran, dass Sie gerade jetzt um die ‚Spargelzeit' mit meinem Vater und mir hinausgingen aufs Feld und einen Korb ‚Auslese' mit nach Hause nahmen, dessen Inhalt dann knapp zwei Stunden später von Ihrer lieben Frau dampfend und duftend auf den Tisch gestellt würde! Schon ist aus meiner Generation der ehemaligen Pennäler, Studienfreunde, Kriegskameraden und Berufskollegen mancher dahingegangen! 65 ist ein fatales Alter, man sollte eigentlich aufhören zu arbeiten, aber ich bin froh und glücklich, dass ich nicht aufhören brauche, sondern eine schöne Arbeit habe, wie ich sie mir als letztes Stadium meiner Künstlerberufes nicht besser denken kann. Vielleicht schrieb ich Ihnen oder erzählte Ihnen damals in Hannover von meinen im Ganzen mehr als siebenjährigen Bemühungen, eine meines Könnens und Namens entsprechende Tätigkeit an einer Musikhochschule zu finden. Aber alle erstklassigen Beziehungen zu den prominentesten Fachleuten des Musik- und Bühnenlebens, die mich ja alle kennen, waren erfolglos."

Gewiss habe er eine Reihe von Jahren nicht wenige Operngastspiele als Hans Sachs gehabt und habe in Bielefeld diese schönste Rolle zum 200. Male singen können, inzwischen sogar zum 204. Male.

„Speziell Hamburg, die Stadt, in der ich mehr als zehn Jahre hindurch gesungen habe, hat mich völlig aufs tote Gleis geschoben, trotz gelegentlichen ‚Anwürfen' und Protesten seitens der Presse und des Publikums, und unter dieser ungerechten Behandlung haben meine Frau und ich gelitten!
Als Dresden mir unerwarteter Weise ein lohnendes Angebot machte, musste ich zugreifen, tat es zunächst provisorisch mit teils wöchentlichen, teils monatlichen Reisen zwischen Hamburg und Dresden."

Seit dem ersten November sei er endgültig übergesiedelt. Er habe eine bildschöne Neubauwohnung am wieder aufgebauten Altmarkt, habe erfreuliche Arbeit, sei geachtet und angesehen. Dresden selbst biete noch immer eine ganze Menge reizvoller Anregungen, ehemalige Studienfreunde lebten vor Ort, der Kollegenkreis sei sympathisch, und leben könne man in Dresden auch ohne den Luxus Westdeutschlands, an dem er in Hamburg sowieso nicht habe teilhaben können. „Wir fühlen uns wohl hier; da meine ältere Tochter in Hamburg verheiratet ist, werden die persönlichen Verbindungen nicht aufhören. Über die politische Zukunft ‚lassen wir das Grübeln sein!'"

Rektor der Hochschule für Musik in Dresden war seit 1952 der studierte Musikwissenschaftler, Redakteur und Musikkritiker Karl

Laux.[145] Er war dort von 1936 bis 1948 bereits Dozent gewesen, von 1945 bis 1948 als SED-Mitglied auch Ministerialrat im Sächsischen Volksbildungsministerium. Die Hochschule war 1856 als privates Konservatorium gegründet und später als Akademie geführt worden. Vom 11. November 1952 stand sie im Rang einer Universität. Laux war während der NS-Zeit neben seiner Lehrtätigkeit von 1934 bis 1943 in Dresden Musikredakteur der „Neuesten Nachrichten" gewesen. Seine musikwissenschaftlichen Arbeiten, die während der NS-Zeit und in der DDR erschienen, wie etwa ein Buch über den Komponisten Anton Bruckner, gerieten später teils in die Kritik, da darin jeweils ideologische Zugeständnisse oder Tendenzen ausgemacht werden konnten.

Es erscheint überraschend, dass Bockelmann ausgerechnet aus der DDR ein Angebot unterbreitet worden war, genauso, dass Bockelmann offenbar bereit war, erneut den Vertrag in einer Diktatur anzunehmen. Nach dem Volksaufstand und der Arbeiterproteste am 17. Juni 1953 hatte die DDR einen moderaten Kurs eingeschlagen und strebte dabei auch aus Imagegründen gegenüber den eigenen Bürgern die Übersiedlung Westdeutscher an, zumal der Arbeiter- und Bauernstaat einem stetigen Aderlass an Leistungsträgern unterlag, die Wanderungsbilanz durchweg negativ blieb. Dass Bockelmann während der NS-Zeit Spitzensänger der Staatsoper gewesen war, spielte in Ostdeutschland nun kaum mehr eine Rolle, da natürlich alle damals etablierten und erfahrenen Künstler zwangsläufig diese Zeit durchlebt hatten, so auch das führende Personal der Hochschule für Musik in Dresden. Zur Mitte der 50er Jahre hatten die DDR sowie auch die Sowjetunion die Wiedervereinigung Deutschlands international konkret thematisiert als Alternative zu den Pariser Verträgen, um unter anderem den Beitritt der Bundesrepublik zur Westeuropäischen Union und zur Nato zu verhindern. Der ideologische Konflikt, die Konfrontation schienen zu schwinden. Damals existierte auch die „Mauer" noch nicht, der alltägliche Austausch zwischen beiden Staaten war noch immer durchlässig. Es gab Handel und einen gemeinsamen Markt sowie auch eine permanente, gegenseitige Vermarktung von Schallplat-

145 Karl Laux: *Nachklang. Autobiographie.* Berlin (Ost) 1977.

ten und Kinofilmen. Die meisten Spitzenkünstler der NS-Zeit waren nach 1945 in Westdeutschland anzutreffen. In der DDR sammelten sich allerdings auch frühere Prominente, die teils rasch leitende Funktionen einnahmen. Bockelmanns ehemalige Kollegin an der Staatsoper, Tiana Lemnitz, leitete dort seit 1953 das Opernstudio zur Heranbildung des Nachwuchses, sang dort bis 1957 und wurde anschließend Gesangsprofessorin. Der Komponist Rudolf Wagner-Régeny (1903-1969), der die NS-Opern „Der Günstling", „Die Bürger von Calais" und „Johanna Balk" geschaffen hatte, wurde 1947 Rektor der Musikhochschule Rostock, 1950 Professor für Komposition an der Hochschule für Musik in Ost-Berlin und Leiter der Meisterklasse der Akademie der Künste der DDR. Er trat weiterhin als Opernkomponist hervor und pflegte auch erfolgreich berufliche Kontakte nach Westdeutschland.

Am 13. Juni 1957 bedankte sich Rudolf Bockelmann aus der Ernst-Thälmann-Straße 21 in Dresden für Ohks neuerliches Angebot einer Spargelsendung.[146] Bockelmann hatte akribisch das Kursbuch studiert und eine Verbindung herausgefunden:

> „Dass Sie uns wirklich mit Spargel beschenken wollen, ist rührend. Wir sagen nicht nein, denn hier ist nichts davon zu sehen. Die ‚Formalitäten' sind denkbar einfach. Pakete dürfen bis zu 14 Pfund wiegen, müssen aber auf der Verpackung wie auf der Paketkarte den Vermerk tragen, Geschenksendung, keine Handelsware'! Nach unseren Erfahrungen ist es gut, das Paket ‚dringend' und ‚durch Eilboten bestellen' zu bezeichnen. Wenn es zum Beispiel montags nachmittags zur Post geht, ist es Mittwoch morgens früh 7 Uhr bereits hier. Nach dem Sommerfahrplan gibt es durchgehende Interzonenzüge Köln-Hannover bis Dresden (bisher gingen sie nur bis Leipzig), auch ihr heutiger Brief kam ja sehr schnell an. Auf die Art der Verpackung werden Ihre Leute sich ja verstehen. Ich erinnere mich aus Burgdorf, dass Spargel in Körben verschickt wurde. Eventuell genügen ein paar Luftlöcher im Karton, damit Luft dran kann. Jedenfalls glaube ich nicht, dass Sie Bedenken haben müssen."[147]

[146] Brief ohne vorgedruckten Briefkopf in Maschinenschrift.

[147] Walther Ohk fügte diesem Brief seine handschriftliche Notiz an: „Mein Bild trug die Widmung: Dies Bild des 80jährigen, der Ihnen wohlbekannt, mit dazu gehöriger Zigarre in der Hand, die Ihnen übersandt."

Mit Postkarte vom 26. Juni 1957 aus Dresden bedankte sich Bockelmann erneut bei Ohk. Der Spargel sei schon vormittags in tadellosem Zustand angekommen.[148]

In all diesen Briefen mit Ohk kommt er am Ende auf die Spargel-Lieferung zu sprechen und so kann man als Motiv für diese ausführlichen Schreiben tatsächlich den Eindruck haben, dass er Ohk nur deshalb so detailliert aus seinem Leben erzählte, weil dieser ihn mit Spargel beschenkte und er diesen auch gerne annehmen wollte. Dies gibt einen Rückschluss auf die Versorgungslage selbst für Opernsänger und Professoren in jener Zeit des Mangels. Weil diese keine Zeit aufbringen konnten, selbst einen Gemüsegarten am Stadtrand zu bewirtschaften, waren Angebote von Bewunderern und alten Freunden umso wertvoller. Bockelmann kam stets erst am Ende seiner Briefe an Ohk auf dessen offenkundiges Angebot zu sprechen und schickte dann jeweils seine Ehefrau vor, die ihn in dieser Frage „gerade anstupst". Offensichtlich wird, dass Rudolf Bockelmann seiner Ehefrau eine Freude machen wollte. Daneben ist auch durchaus kolportierter Tratsch aus den 30er Jahren überliefert, mit dem man sich über Bockelmann als einen Genussmenschen lustig gemacht hatte.

Andererseits wies Bockelmann seiner Bekanntschaft zu Ohk eine biographische Schlüsselfunktion zu, da ihm das gemeinsame Musizieren als „Burgdorfer Harmoniker" als ein Ausgangspunkt seiner späteren Karriere erschien, in der alles nahtlos aufeinander gefolgt war. In diesen Briefen vergewisserte sich Bockelmann der Richtigkeit seiner Lebensentscheidung, nicht Gymnasiallehrer geblieben zu sein.

Der Konservenfabrikant Walter Ohk war nicht der einzige, der über Jahre hinweg mit aktuellen Informationen zum Stand der Karriere Bockelmanns versorgt wurde. Einen ebensolchen Briefwechsel führte Bockelmann mit dem Celler Verleger Ernst Pfings-

148 Postkarte mit Motiv der Gemäldegalerie Dresden: Die Tänzerin Marietta von Max Slevogt.

ten sowie auch mit dem Direktor der Rhein-Ruhr Bank und Dresdner Bank Albert Osthoff aus Bielefeld.[149]

Am 9. Juni 1958 antwortete Albert Osthoff auf ein Schreiben Bockelmanns:

> „Auch Sie haben wie jeder Mensch Ihr Päckchen zu tragen. Ich freue mich aber, aus Ihren Zeilen zu entnehmen, dass Sie guten Mutes sind, und das Ihnen auferlegte Schicksal tapfer tragen."

Es mag sicher sein, dass manch Empfänger der Briefe Bockelmanns sich fragte, worüber der immer noch als Bariton gefeierte Mann sich eigentlich beklagte und den von Bockelmann selbst empfundenen Statusverlust nicht nachzuvollziehen vermochte. Bockelmann aber sammelte diese Schreiben. Auch Reaktionen auf das Negative in seiner Karriere waren ihm scheinbar eine willkommene Bestätigung. Feedback von höchster Stelle, von Professoren oder Rundfunkintendanten, ermunterten ihn und trieben ihn an, nicht nachzulassen. Nahezu wichtiger als der Applaus des Publikums schien ihm die gesellschaftliche Reputation zu sein. Er blieb im inneren Widerstreit zwischen der Unabhängigkeit des Künstlerlebens und der gesicherten bürgerlichen Existenz. Als freier Opernsänger ohne festen Vertrag fühlte er sich unvollständig. Wohl litt er auch mit seiner Ehefrau und Familie, weil er den gewohnten gesellschaftlichen Status nicht hatte aufrecht erhalten können.

Er klagte sein Leid auch gegenüber dem Dirigenten und Komponisten Franz Marszalek, der von 1949 bis 1965 Dirigent des Kölner Rundfunkorchesters des NWDR war. Am 26. Oktober 1954 schrieb Bockelmann. „In Hamburg bin ich – obwohl ich in der Stadt fast zehn Jahre hindurch gewirkt habe – seit 1947 völlig ausgeschaltet." Er meinte damit sein Bestreben nach einer Festanstellung. Franz Marszalek antwortete am 23. Dezember 1954: „Die Bekenntnisse in Ihrem Brief haben mich sehr erschüttert, habe ich Ihnen doch wunderbare Eindrücke in meiner Berliner Zeit zu verdanken."

Bockelmann war einer der wenigen aus dem früheren Ensemble der Staatsoper, die noch immer in ihren Glanzrollen gebucht

---

[149] Nationalarchiv der Richard-Wagner-Stiftung Bayreuth, Nachlass Rudolf Bockelmann. Schriftverkehr.

wurden, sogar noch 1955 zur Wiedereröffnung des Stadttheaters Bielefeld. Bariton Josef von Manowarda war bereits am 24. Dezember 1942 in Berlin gestorben, Maria Cebotari 1949 in Wien. Maria Müller kehrte 1950 für die Dauer einer Spielzeit an die Berliner Staatsoper zurück, verbrachte aber ihre letzten Lebensjahre in Bayreuth, wo sie 1958 starb. Tenor Marcel Wittrisch erlangte ebenfalls keine Festanstellung mehr, gastierte in Oper und Operette in Stuttgart, unternahm 1954 eine Tournee nach Südafrika und verstarb im Folgejahr überraschend. Marta Fuchs wurde noch für Gastspiele an der Stuttgarter Oper verpflichtet, absolvierte nach 1952 keine Bühnenauftritte mehr. Tenor Peter Anders, der mit den Eheleuten Bockelmann noch in der Nachkriegszeit gut befreundet gewesen war, verunglückte am 5. September 1954 bei einem Verkehrsunfall auf der Fahrt von Hannover nach Hamburg tödlich. Der Tenor Helge Rosvaenge setzte seit 1948 seine Gesangskarriere international und vielseitig bis 1963 fort, ebenso Max Lorenz bis 1962 in Wien.

Vergessen wurde Bockelmann von der Öffentlichkeit indessen nicht. Vom 13. Dezember 1953 datiert ein Briefwechsel mit der Redaktion des „Merian“ beim Verlag Hoffmann und Campe in Hamburg über einen Honorarauftrag. Bockelmann verfasste eine Empfehlung für den Besuch der Bayreuther Festspiele, die nun unter der Leitung von Wieland Wagner standen, bestellt für einen neuen Bayreuth-Reiseführer:

> „Nach den Beobachtungen, die ich selbst als Gast des Hauses Wahnfried 1951 gemacht habe, gebe ich der Hoffnung Ausdruck, dass der künstlerische Persönlichkeit des jungen Erben eine Lösung der szenischen Probleme gelingen wird, die dem hohen geistigen und musikalischen Gehalt des Werkes auch unter den heutigen Anschauungen gerecht wird.“

Rudolf Bockelmann unterhielt anscheinend gute Kontakte zum NDR und auch zum „Hamburger Abendblatt“. Immer wieder gelang es ihm, sich an prominenter Stelle ins Gespräch zu bringen. So berichtete das „Hamburger Abendblatt“ am 1. Juli 1953, dass Rudolf Bockelmann künftig die Leitung der Opernschule übernehmen werde, die das Konservatorium für Musik in Klein Flottbek im Herbst eröffnen werde. Die Gründung geschehe im Hinblick auf die von den Opernbühnen mit Recht mehr und mehr geforderten Sänger-Darsteller. Von der Staatlichen Hochschule für Musik abgesehen, hätten die in Hamburg lebenden und lernenden jungen Sängerinnen und Sänger nur geringe Möglichkeiten einer entsprechenden schauspielerischen Schulung. Bockelmann werde hier ein reiches und fruchtbares Betätigungsfeld finden; überzeugt davon, dass die entscheidende Wirkung einer Oper auf der sängerischen Qualität beruhe, schien er berufen, aus dem sprachlich-gesanglichen Ausdruck den körperlich-darstellerischen gewinnen zu lehren. Eine weitere Berichterstattung zu diesem Thema folgte nicht und so war das Vorhaben für Bockelmann nicht zielführend verlaufen.

1957 trat die Deutsche Dokumentar- und Werbefilm GmbH aus Berlin an ihn heran, die im Auftrag der Telefunken einen Film über die erfolgreichsten Schallplatten-Stars der Firma in ihrer Unternehmensgeschichte produzieren sollte. Er sollte Tipps geben, in welchen „Wochenschauen" und Kulturfilmen er eventuell mitgewirkt habe, da eine bisherige Recherche nach Filmaufnahmen Bockelmanns in den Filmarchiven ohne Ergebnis verlaufen sei. Wie es scheint, hat Bockelmann auf das Schreiben nicht schriftlich geantwortet, da er seine Durchschläge stets aufbewahrte und Vorgänge sorgfältig anlegte und abheftete. Bockelmann wird in diesem Brief ausdrücklich als „Star" der Telefunken angesprochen.

Auch der Celler Tageszeitungsverleger Ernst Pfingsten antwortete Bockelmann am 9. April 1956 auf einen seiner Briefe:

> „Bundesrepublik und Künstler – das ist ein Thema für sich. Ich ärgere mich, dass so viele Ausländer engagiert werden.[150] Schüler bemerkte, es fehle hier an Nachwuchs."

Bockelmann hatte 1952 mit dem Dirigenten Johannes Schüler eine nach eigenen Worten neue künstlerische Herausforderung mit Boris Blachers Oratorium „Der Großinquisitor" in Hannover gehabt. Schon während der 30er Jahre hatte Bockelmann in unveröffent-

---

150 Mit „Ausländern" sind in jener Zeit zumeist Künstler aus Österreich und der Schweiz gemeint. Für diese waren Engagements in Deutschland attraktiv, weil für sie ein um ein Viertel geringerer Steueranteil anfiel. Die gleiche Diskussion gab es damals in der Filmwirtschaft. Österreicher und Schweizer erzielten deutlich höhere Netto-Honorare als ihre deutschen Kollegen bei Engagements in Deutschland. Für sie fiel die sogenannte „Notopfer-Steuer" nicht an, mit der deutsche Steuerzahler belastet waren. Dies wurde von deutschen Künstlern als Benachteiligung und als Wettbewerbsnachteil empfunden.

lichten Manuskripten und Textentwürfen notiert, dass in Deutschland zu wenig talentierter Nachwuchs herangebildet werde. Obwohl ihm seine Tätigkeit als Privatlehrer oft Verdruss bereitete, hielt er an seinem Ziel eines Postens als Hochschullehrer unbeirrt fest. Seiner Meinung nach wurde in der jungen Bundesrepublik zu wenig für den Aufbau der Ausbildung getan, zumal die deutschen Häuser auf junge Talente aus dem deutschsprachigen Ausland zurückgreifen konnten.

Rudolf Bockelmann hatte ein Notizbuch angelegt, in dem er 1952 in Tagebuchform seine Situation als „Aufzeichnungen komischer Art" selbstironisch festhielt:

> „Ich war gezwungen zu unterrichten, um Geld zu verdienen. Die oft auftauchende Unzufriedenheit war Folge zu langsamer Erfolge bei den meist nur halb begabten Schülern (…) wettgemacht durch eine Reihe wertvoller Erkenntnisse."

Bockelmann war mittlerweile 60 Jahre alt und selbst Hochschulen waren in der Nachkriegszeit an der Verjüngung ihres Personals und der Modernisierung ihrer Vorgehensweise interessiert. Auch in Wien hatte Bockelmann sich empfohlen. Eine positive Antwort kam aber erst, als er nicht mehr zusagen konnte.

Manche seiner Schüler hatten Aufmerksamkeit an höchster Stelle erregt. So auch bei Hans Sittner, Präsident der Akademie für Musik und darstellende Kunst in Wien. Er gratulierte Bockelmann am 8. August 1955 zur Ausbildung einer jungen, begabten Sängerin, die er erlebt und persönlich gesprochen hatte, und schrieb:

> „Die Akademie wäre nach wie vor glücklich, Sie in ihrem Lehr-Stab wirkend zu haben. Nun sind wir endlich frei in Österreich, und die Besatzungsmächte haben uns nicht mehr dreinzureden. Ich wäre Ihnen dankbar, ob Ihrerseits noch Interesse und Möglichkeiten bestünden. Wie ich soeben aber höre, haben Sie bereits ab 1.9. für Dresden definitiv angenommen."

Der Brief Sittners, den scheinbar ein schlechtes Gewissen plagte, ist sicherlich etwas heuchlerisch, denn er hatte sich bei Bockelmann erst gemeldet, nachdem dieser schon für seine Professur in Dresden unterschrieben hatte. Denn da der Präsident der Wiener Akademie in seinem Schreiben erwähnt, dass er von diesem Vertrag Kenntnis erlangt hatte, war sein Angebot für eine Festanstellung ja ohnehin überflüssig. Vielleicht war auch Bockelmanns Nähe zum NS-Regime nicht der alleinige Grund, weshalb ihm die akademische Anschlussverwendung so lange Zeit nicht gelingen wollte. Neben seinem Alter kann auch sein Sendungsbewusstsein hinderlich gewesen sein. Er empfahl sich mit seinem Ruhm als Sänger, aber nicht unbedingt mit einem Konzept als Lehrer. Denn seine Expertise für die Rolle des Hans Sachs in den „Meistersingern", mit der er immer beispielhaft für den empathischen Ansatz warb, war für eine umfängliche Ausbildung von Frauen und Männern sicherlich etwas einseitig angelegt. In seiner langen Karriere hatte Bockelmann seine Vielseitigkeit jenseits der Werke Wagners unter Beweis gestellt, auch in modernen Opern von Korngold und Krenek brilliert, und es verwundert heute, dass er daraus nicht Kapital zu schlagen versuchte. In der Nachkriegszeit wurde er weitgehend mit Wagner und mit der Rolle des Hans Sachs in Verbindung gebracht. Er selbst verstärkte diesen Eindruck durch Vorträge zu diesem Thema.

Von Bockelmann erhalten sind Manuskripte von Reden, die er zum Beispiel für den Richard-Wagner-Verein in den Räumen der Universität Hamburg nach dem Krieg zu verschiedenen Anlässen gehalten hatte. In diesen geht es im Kern darum, wie man als Sänger einer Stimme Charakter und Empathie geben kann, um eins zu werden mit der Rolle, ihr mehr Ausdruck und Individualität zu geben. Er erklärt dies jeweils am Beispiel der Rolle des Hans Sachs in den „Meistersingern". Ohnehin zielte sein Konzept auf die bisweilen schwer singbaren Wagner-Partien ab. Von diesem hätte er sich vielleicht lösen müssen, um seine Herangehensweise universell und verallgemeinernd auf Rollenkonzepte anderer Komponisten und Darstellungsformen übertragen zu können. Seinem Schriftwechsel zufolge war er sehr zufrieden mit den Reaktionen der Öffentlichkeit und der Presse auf seine erste Regiearbeit 1952 in Hamburg mit „Tristan und Isolde". Er hielt jedoch auch fest, dass die Sänger seine Empfehlungen, der Stimme und der Interpretation mehr Persönlichkeit zu geben, mehr in die Melodie hineinzuhören und dem Ton der Instrumente zu folgen, ehrgeiziger hätten umsetzen können. Er führte dieses Versäumnis auf die Realität des Berufsalltags der Sänger zurück, die in raschem Wechsel zu verschiedenen Wirkungsstätten tingelten. Deren eigene, von Stress dominierte Routine stand im Widerspruch zu der Bereitschaft, sich kurzfristig Ideen der Regie individuell zu öffnen. Nach Bockelmanns Überzeugung führte der schnelllebige Produktionsalltag der Nachkriegsbühnen zu einer Verflachung der Gesangskunst. Die Möglichkeiten des Materials konnten seiner Beobachtung nach so nicht ausgeschöpft werden. Bockelmann war an ausgedehnte und störungsfreie Proben im festen und stabilen Ensemble gewöhnt, als der Opernbetrieb noch unter dem Schutz der Diktatur gestanden hatte. In der Nachkriegszeit herrschte auch an den öffentlichen Theatern ein Kostendruck, für die Künstler Existenzdruck. Bockelmann beklagte, für „Tristan und Isolde" nicht genügend Zeit für Proben erhalten zu haben, um das Ergebnis zu liefern, das nach seiner Überzeugung möglich gewesen wäre. So waren bei den Proben nicht immer alle Sänger gleichzeitig anwesend, weil diese auch noch andere Verpflichtungen hatten. Die Zusammenhänge erkannte er und schrieb darüber unter anderem dem Dirigenten Franz Marszalek beim Rundfunksender NWDR.

Doch auch in der DDR musste sich Bockelmann einer Alltagsrealität fügen. An Dr. Ernst Sandner aus Bautzen schrieb Bockelmann am 2. Mai 1958 zur Vorbereitung eines geplanten Konzerts:

> „Habe mit Konzertdirektion gut verhandelt und ein bereitwilliges Echo gefunden. Das Programm wird ähnlich werden wie damals, also Händel, Bach, Haydn, Cavalieri, Wagner, Loewe, dann Morgenstern-Lieder von Graener und Wilhelm-Busch-Lieder von Hugo Rasch.[151]
> Wir haben ja alle die Anweisung, in Konzerten auch zeitgenössische Sachen zu bringen, das heißt, nach Möglichkeit von Komponisten der DDR. Ich habe aber bis jetzt nichts geeignetes für dies Programm gefunden, muss aber vermeiden, dass mir dies eventuell nachher ‚angekreidet' wird. Diese Frage musst Du also mal vertraulich zu klären versuchen. Der Busch-Komponist Hugo Rasch war übrigens Nazi-Komponist und Musikschriftsteller. Aber nun ist das ja schon lange her, und man ist heute nicht mehr so streng."

---

151 Bockelmann hatte ein Repertoire von zahlreichen Liedern der genannten Komponisten. Im Nationalarchiv der Richard-Wagner-Stiftung in Bayreuth ist eine Aufstellung überliefert. Somit variierte er offenbar seine Lieder-Abende je nach Anlass.

Eva-Maria Krohn über ihren Vater Rudolf Bockelmann

Mit seiner Tochter Eva war Rudolf Bockelmann 1939 noch einmal in seine alte Heimat zurückgekehrt und wanderte mir ihr über die Dörfer zwischen Celle und Burgdorf. Eva-Maria Krohn beschrieb ihren Vater in einem im Jahr 2008 geführten Gespräch als bodenständigen Familienmenschen, der weder auf Partys ging noch selber welche gab. Hatte er frei, ging er in die Natur hinaus.

„Er hatte mich sehr gerne. Den Namen Eva hat er mir gegeben, weil er das Evchen in den Meistersingern vor Augen und Ohren hatte. Wir wanderten zehn Tage über die Dörfer und übernachteten bei den Bauern. Er zeigte mir sein Elternhaus und die Schule."

In der Öffentlichkeit und ohne Kostüm erkannte ihn niemand, obwohl dem „Burgdorfer Kreisblatt" und dessen Verleger Rumpeltin über die Jahre hinweg kein Ereignis seiner Karriere entgangen war. Postkarten zeigten Bockelmann mit Perücken und Helmen. Im Leben trug er Glatze. Weil er Lehrer war, unterrichtete er seine Töchter, wenn auf dem Bayreuther Hügel die Proben zur Festspielsaison begannen. In Bayreuth genoss Bockelmann die Gesellschaft gebildeter, adeliger Kreise, so von Ernst-Ludwig von Hessen-Darmstadt, dem Großherzog von Hessen, der italienischen Prinzessin Maria-Francesca von Savoyen (1914-2001) und der bayerischen Fürstenfamilie von Wrede. Treffpunkt war das Schloss „Fantaisie" bei Bayreuth.

„Morgens machte er mit uns Schulunterricht. Im Theater schminkte sich mein Vater meistens selbst. Er lobte seine Glatze, auf der die Perücken immer besonders gut hafteten. Er trug amerikanische Kontaktlinsen, die damals schon je nach Rolle eingefärbt waren. Während der langen Pausen löste er Mathematikaufgaben oder rätselte. Mein Vater hatte nie Lampenfieber. Er war vor Auftritten immer seelenruhig. Wie alle Künstler war er in seiner Arbeit doch auch sehr eitel. Mein Vater begriff nicht, was um ihn herum vor sich ging. Zur selben Zeit existierte schließlich schon Dachau.

Er hat ja auch mit diesen grässlichen Bonzen Frank[152] und Koch[153] Shakehands gemacht. In London hatten ihn deutsche Emigranten zum Bleiben gedrängt. Aber er war ja Leutnant im Ersten Weltkrieg gewesen und wollte sein Vaterland wohl nicht verlassen.

Bei Kriegsende in Österreich weinte mein Vater und sagte: ‚Was soll jetzt nur aus Deutschland werden?' Er tat mir sehr leid, aber ich sagte – ein harscher, aber wahrer Satz: ‚Mach dir lieber Gedanken darüber, was aus uns werden soll!'

In der Zeit von 1940 bis 1945 war ich im Internat und nicht mehr bei den Eltern und danach auch nur ein halbes Jahr. Ich hatte kein gutes Verhältnis mit meiner Mutter. Mein Vater liebte mich sehr, aber er musste es seines sanften Wesens gemäß verbergen. Wir hatten Kontakt, aber eben nur freundschaftlich distanziert. So habe ich erst nach dem Tod meines Vaters von einigen Freunden meiner Eltern Dinge oder Tatsachen erfahren. Es gibt eine Biographie über meinen Vater von Berndt W. Wessling. Herr Wessling hat allerlei zusammengetragen, es ist ganz interessant zu lesen, doch ganz zufrieden hat mich der Inhalt nicht gemacht. Es stimmt nicht alles so, wie Wessling es geschrieben hat."

Rudolf Bockelmann zog 1946 mit seiner Familie wieder nach Hamburg, weil er glaubte, dort am schnellsten wieder Anschluss zu finden. Denn dort hatte seine Karriere den ersten Höhepunkt erfahren. Als Sänger war er weiterhin gefragt. Der Autor Josef Marein schrieb in seiner Kritik am 27. Juni 1946 in „Der Zeit" über die Inszenierung von Purcells „Dido und Aeneas":

> „Ein Triumph; schöne Stimmen mit Erna Schlüter, Annelies Kupper, Gusta Hammer und Rudolf Bockelmann an der Spitze. Auch hier bewies Schmidt-

152 Hans Michael Frank (1900-1946). NS-Politiker und Reichsminister ohne Geschäftsbereich, später während des Zweiten Weltkriegs „Generalgouverneur" in Polen. Als Hauptkriegsverbrecher vor dem Internationalen Militärgerichtshof 1946 verurteilt und hingerichtet.

153 Erich Koch (1896-1986). War „Gauleiter" der NSDAP in der Provinz Ostpreußen und von 1941 bis 1944 „Reichskommissar" in der besetzten Ukraine. Wurde 1959 in Polen zum Tode verurteilt. Das Urteil wurde in lebenslange Freiheitsstrafe umgewandelt.

> Isserstedt[154], der Dirigent, sein frisches Musikantentum, vereint mit feinsinnigem Stilgefühl. Insgesamt das Beste, was die Hamburger Staatsoper seit ihrem Neuaufbau geleistet hat und der Höhepunkt dieser Wochen, in denen man sich auch in der Hansestadt wie in vielen anderen deutschen Städten auf die stärkende und tröstliche Kraft der Kunst besann."

Gesellschaftlich aber wurde Rudolf Bockelmann nun geschnitten. Eva-Maria Krohn erinnert sich an eine Begebenheit, die ihren Vater in seinem Selbstwertgefühl schwer getroffen hatte:

„Die Gastspielreisen, die meinem Vater in den Nachkriegsjahren angeboten wurden, fielen ihm zunehmend schwer. Das ständige Reisen strengte ihn an. Er verglich sich dann mit Tietjen, Furtwängler oder Leuten vom Film wie Rühmann, die ihre Karrieren unbeschadet fortsetzen konnten. Ich war doch sehr verblüfft, wie schnell die Wagner-Familie wieder auf die Füße gekommen ist. Meinem Vater begegnete viel Häme. Er war hier in Hamburg zu einem Liederabend bei Prinz Louis Ferdinand eingeladen. Nach dem Auftritt erhielt er sein Geld, dazu Hut und Mantel, während alle anderen Gäste zur Tafel schritten. Das hat meinen Vater tief verletzt."[155]

---

154 Hans Schmidt-Isserstedt (1900-1973) war seit 1935 Kapellmeister der Oper in Hamburg und wurde 1943 der Nachfolger von Wilhelm Rode am „Deutschen Opernhaus" in Berlin-Charlottenburg.

155 Über diesen Liederabend in der Hamburger Musikhalle berichtete am 25. November 1952 das „Hamburger Abendblatt". Rudolf Bockelmann und Carla Spletter sangen Liedvertonungen von Lyrikern wie Mörike und Thieß, die Louis Ferdinand selbst komponiert hatte.

Rudolf Bockelmanns Karriere – Chronologie

1892: Geburt in Bodenteich am 2. April als Sohn des Dorfschullehrers Wilhelm Bockelmann.

1895: Umzug der Familie nach Burgdorf an der Aue bei Hannover.

1897: Einschulung.

1902: Besuch des Gymnasiums Ernestinum in Celle. Sänger in Schul- und Kirchenchören von Burgdorf und Celle. Mitglied im Celler Oratorienverein.

1909: Mitwirkung bei den Richard-Wagner-Festspielen in Celle als Lohengrin. Singt auch zur Eröffnung und Einweihung des Theater- und Gastronomie-Betriebs „Celler Union", den die Stadt Celle für 600.000 Mark errichten ließ.

1911: Abitur

1912: Studium der Altphilologie an der Universität Leipzig.

1914: Einberufung.

1915: Offizierspatent und Verwundung.

1916: Beförderung zum Leutnant.

1919: Staatsexamen in Leipzig. Referendar am Leipziger Schillergymnasium.

1920: Bekanntschaft mit Arthur Nikisch, Dirigenten der Gewandhaus-Konzerte. Dieser vermittelt Gesangsausbildung.

1921: Am 16. April erste Rolle als Heerrufer im Lohengrin. Es folgen im selben Jahr bereits 19 Partien, darunter im „Rheingold". Bis 1926 steht Bockelmann an 609 Abenden in 64 verschiedenen Rollen auf der Bühne, darunter in 16 Uraufführungen.

1922: Singt in der Leipziger Erstaufführung von Siegfried Wagners Oper „Schwarzschwanenreich" den Oswald. Erstmals Gast der Familie Wagner. Singt in der Leipziger

Erstaufführung von Erich Wolfgang Korngolds „Die tote Stadt".

1924: Am 13. März erstes einstündiges Radiokonzert im Leipziger Rundfunk, dem 40 Fortsetzungen innerhalb von zwei Jahren folgen.

1925: Bockelmann hat mittlerweile mit dem Holländer, dem Wolfram im „Tannhäuser", dem „Telramund" im Lohengrin, dem Amfortas im „Parsifal", dem Kurwenal in „Tristan und Isolde" sowie dem Gunther in der „Götterdämmerung" sechs Wagner-Partien im Repertoire.

1926: Heirat mit der Sängerin Maria Weigand. Engagement am Hamburger Stadttheater. Singt den Hans Sachs in den „Meistersingern von Nürnberg" und den Wotan im „Rheingold".

1927: Am 19. Februar wird Tochter Eva-Maria geboren. Singt in Hamburg die Rolle des Herrschers in der Uraufführung von Erich Wolfgang Korngolds „Das Wunder der Heliane".

1928: Singt erstmals im geschlossenen Zyklus des „Ring des Nibelungen" in Hamburg und erstmals bei den Bayreuther Festspielen in der Rolle des Kurwenal und des Gunther in der „Götterdämmerung". Erste Schallplatte mit „Tristan und Isolde". Begegnet Richard Strauss und Wilhelm Furtwängler. Bleibt Interpret in Bayreuth bis 1942. In Hamburg Titelpartie in „Boris Godunow" von Modest Mussorgski und Rolle des Althair in der Erstaufführung von Richard Strauss' Oper „Die ägyptische Helena". Erstes Gastspiel an der Berliner Staatsoper Unter den Linden in der Rolle des „Wotan" in der „Walküre" neben Frida Leider als Brünnhilde. In Hamburg als privater Gesangslehrer behördlich registriert.

1929: Gastspiele in Amsterdam, Paris und erstmals bis 1938 jährlich zur „Deutschen Saison" an der Royal Covent Garden Opera London als Wanderer im „Siegfried". Bockelmann singt in Hamburg in der Uraufführung von Hans E. Perós Einakter „Belsazar".

1930: Am 16. Oktober Geburt der zweiten Tochter Erika Beata. Zwölf Gastspiele an der Grand Civic Opera Chicago. Singt in der Hamburger Erstaufführung der aktuellen Oper „Das Leben des Orest" von Ernst Krenek die Titelpartie. Singt erstmals den Orsini in Wagners „Rienzi". Gastspielvertag über zehn Abende an der Berliner Staatsoper. Nimmt an der Beisetzung von Siegfried Wagner in Bayreuth teil.

1931: Zweite Chicago-Saison mit neun Abenden als Kurwenal im „Tristan", Hans Sachs in den „Meistersingern", als Sprecher in Mozarts „Zauberflöte" und als Franceso in Max von Schillings „Mona Lisa". Singt in Hamburg die Rolle des Sheriffs Jack Rance in Puccinis „Das Mädchen aus dem goldenen Westen". In Bayreuth als „Wotan" im „Rheingold" sowie in der „Walküre" und als „Wanderer" im „Siegfried".

1932: Befristeter Wechsel an die Staatsoper Berlin. Erster großer Triumph bei den Berliner Kritikern als Hans Sachs in Heinz Tietjens Neuinszenierung der „Meistersinger" unter musikalischer Leitung von Wilhelm Furtwängler. Gast der Philharmonischen Gesellschaft in Hamburg im Chorkonzert der Singakademie in Johann Sebastian Bachs „Matthäus-Passion" unter Eugen Pabst in der Kirche St. Michaelis.

1933: Gastspielwoche in Prag als Wotan in „Rheingold" und „Walküre" sowie als Mirakel in „Hoffmanns Erzählungen" von Jacques Offenbach. In Bayreuth singt er in sechs Aufführungen den Hans Sachs in den „Meistersingern", zweimal den Wotan in der „Walküre", einmal den Wotan im „Rheingold" sowie einmal den Wanderer im „Siegfried".

1934: Sein Hans Sachs in den „Meistersingern" wird zur Eröffnung der Bayreuther Festspiele am 23. Juli unter Leitung von Karl Elmendorff zum größten Triumph seiner Karriere, zumal ihm der gesamte Kollegenkreis mit Ovationen huldigt und mit Anerkennung überschüttet. Er singt hier den Hans Sachs zum 100. Male. Ernennung zum Preußischen Kammersänger. Wirbt mit Winifred Wagner vor dem 19. August nach dem Tod des Reichspräsidenten Paul von Hindenburg im reichsweiten Rundfunk für die Volksabstimmung zur Wahl Adolf Hitlers für das Amt des „Reichskanzlers und Führers" als künftiges Staatsoberhaupt. Erhält danach festen Vertrag für die Berliner Staatsoper Unter den Linden.

1935: In Berlin in Händels „Julius Caesar". Singt zum 50. Male den Holländer. In Berlin singt er in der Uraufführung von Paul Graeners „Der Prinz von Homburg" die Partie des Oberst Kottwitz. Pausiert ein halbes Jahr lang wegen Krankheit.

1936: Sechs Aufführungen in Bayreuth mit den Partien des „Wotan" und des „Wanderer". Erstmalige Übertragung des gesamten „Rings" im Rundfunk. Singt zum 125. Male den Hans Sachs in Erfurt und zum 50. Male den Rheingold-Wotan.

1937: Erhält für den 28. Januar im Rahmen einer Künstler-Veranstaltung des Winterhilfswerks die Einladung zu einer Abendgesellschaft bei Adolf Hitler. Bei der Krönungs-Saison in London als Wotan und als Hans Sachs unter Dirigent Thomas Beecham vor König Georg VI. Singt in Aachen erstmals unter Herbert von Karajan. Wird Parteimitglied der NSDAP und ist Obmann der Fachschaft Bühne in der Reichstheaterkammer. Ist Mitglied im Präsidialrat der Kameradschaft der Deutschen Künstler. Singt zur Deutschen Woche während der Pariser Weltfachausstellung. Titelrolle in der Uraufführung von Paul Klenaus neuer Prestige-Oper „Rembrandt van Rijn" in Berlin.

1938: Singt zum 50. Male den Sprecher in Mozarts „Zauberflöte", hier in der Inszenierung von Gustaf Gründgens.

1939: Wanderung mit Tochter Eva-Maria durch das Burgdorfer Land. Singt in der Berliner Erstaufführung von Richard Strauss' „Der Friedenstag" die Rolle des Holsteiner. Dies ist Bockelmanns 100. Partie. In Bayreuth als Wotan, Wanderer und Holländer. Als Amonasro in der Berliner Neuinszenierung von Verdis „Aida".

1940: Bis Kriegsende 923 Konzerte für Truppenbetreuung und Fronttheater in Italien, Frankreich, Holland und Belgien. Wunschkonzerte im Funkhaus Berlin. In Berlin in Michael Glinkas „Ein Leben für den Zaren".

1942: Letzte Saison Bockelmanns in Bayreuth.

1943: Singt zum 50. Male den Pizarro in Beethovens „Fidelio". Nach Bombenangriff und Zerstörung seiner Berliner Wohnung am Lietzensee Umzug nach Bayreuth. Tochter Eva-Maria im Internat in Kassel nach Bombenangriff verschüttet, aber unverletzt. Halbjährliche Kur Bockelmanns an der Adria zur Genesung der Stimme.

1944: Umzug nach Salzburg. Angebot der Professur der Meisterklasse am Salzburger Mozarteum. Infolge der Ausrufung des „totalen Krieges" wird das Mozarteum geschlossen.

1945: Unterkunft auf dem Lande in Bovenden bei Göttingen. Quartier bei Bockelmanns früherem Offiziersburschen (Ordonanz) aus dem Ersten Weltkrieg.

1946: Umzug nach Hamburg. Rundfunkkonzerte. Übernimmt Stimmprüfungen beim NDR. Erste Nachkriegsrolle des Aeneas in Purcells „Dido und Aeneas" an der Hamburger Oper.

1947: Singt den Kurwenal in „Tristan und Isolde" an der Hamburger Staatsoper. Aber kein festes Engagement.

1949: Häufige Gastspiele als Wotan und als Hans Sachs in Hannover, Bremen, Bielefeld und Kiel.

1950: Gastspiel in Frankreich unter anderem mit dem „Tristan" in Vichy. Bockelmann verfasst dazu einen eigenen Beitrag in der Hamburger Wochenzeitung „Die Zeit", der am 31.

August erscheint und in dem er den enormen Applaus des Publikums als Beleg für das Gelingen der Völkerverständigung auf kultureller Ebene sieht.

1951: Großer Erfolg mit Solo-Konzert im NDR unter dem Dirigenten Leo Blech, dem einstigen Generalmusikdirektor der Berliner Staatsoper, der in der NS-Zeit nach England emigriert war; unter anderem mit „Wotans Abschied". Leo Blech hatte ausdrücklich nach Rudolf Bockelmann als Interpret für diese Radio-Übertragung verlangt.

1952: In Hannover in Boris Blachers Oratorium „Der Großinquisitor" unter Leitung von Johannes Schüler. In Hamburg erste und einzige Regie-Arbeit an der Staatsoper mit „Tristan und Isolde".

1955: Singt in Bielefeld zum 200. Male den Hans Sachs in den „Meistersingern", wird von Publikum und Ensemble mit Ovationen gefeiert und auf der Bühne mit Geschenken gehuldigt. Rudolf Bockelmann gastierte hier zum 50jährigen Bestehen des Stadttheaters. Der Unternehmer Rudolf August Oetker hatte zuvor Umbau und Modernisierung des Hauses gefördert.

1956: Musikalisches Selbstporträt im NDR. Umzug in die DDR. Ernennung zum Professor an der Staatlichen Hochschule für Musik in Dresden.

1957: Liederabend in der Celler Union.

1958: Letztes Konzert an der Hofkirche in Dresden. Am 9. Oktober verstorben und in Nähe des Grabes von Carl Maria von Weber beigesetzt.[156]

---

[156] Im Jahr 2008 zusammengestellt mit Beratung von Tochter Eva-Maria Krohn.

Quellenverzeichnis

Ungedruckte Quellen

Renate Ohk, Wennigsen. Nachlass Walter Ohk. Briefe und Karten von Rudolf Bockelmann.

Eva-Maria Krohn, Hamburg. Briefe an den Verfasser. Fotografien der Familie.

Staatsarchiv Hamburg. Nachlass Rudolf Bockelmann im Nachlass Berndt W. Wessling. 622-1/223 Nr. 12. 361-2VI Nr. _2851.

Nationalarchiv der Richard-Wagner-Stiftung Bayreuth, Nachlass Rudolf Bockelmann.

Gedruckte Quellen

Staatstheater Berlin. Magazin für Abonnenten. Spielzeit 1934/35.

Tondokumente

www.rias1.de – Das Radio-Archiv. Rede Rudolf Bockelmanns vom 17. August 1934.

Literaturverzeichnis

Misha Aster: *Staatsoper. Die bewegte Geschichte der Berliner Lindenoper im 20. Jahrhundert.* München 2017.

Henry Baier: „Die Lenkung der Berliner Opernhäuser." In: *Musik und Musikpolitik im faschistischen Deutschland.* Herausgegeben von Hanns-Werner Heister und Hans-Günter Klein. Frankfurt/Main 1984.

Oswald Georg Bauer: *Die Geschichte der Bayreuther Festspiele.* Berlin 2016.

Denys Blakeway: *The Last Dance. 1936. The Year Of Changes.* London 2010.

Reinhard Bollmus: *Das Amt Rosenberg und seine Gegner. Studien zum Machtkampf im nationalsozialistischen Herrschaftssystem.* 2. Auflage. München 2009.

Werner Bollert: *50 Jahre Deutsche Oper Berlin.* 7. November 1912-7. November 1962. Berlin 1962.

Günter Brosche (Hg.): *Richard Strauss - Clemens Krauss: Briefwechsel.* Tutzing 1997.

Bernd Buchner: *Die Geschichte der Bayreuther Festspiele zwischen Kunst und Politik.* Darmstadt 2013.

Amaury du Closel: *Erstickte Stimmen. „Entartete Musik" im Dritten Reich.* Wien 2010.

Florian Dering: *Volksbelustigungen. Eine bildreiche Kulturgeschichte von den Fahr-, Belustigungs- und Geschicklichkeitsgeschäften der Schausteller vom 18. Jahrhundert bis in die Gegenwart.* Nördlingen 1986.

Dimitrios Dolaplis: *Musik als Propagandainstrument im Nationalsozialismus. Politische und soziale Funktionen von Soldatenliedern im NS-Regime.* Baden-Baden 2019.

Boguslaw Drewniak: *Theater im NS-Staat. Szenarium deutscher Zeitgeschichte.* Düsseldorf 1983.

Michael Fahlbusch, Ingo Haar, Alexander Pinwinkler (Hg.): *Handbuch der völkischen Wissenschaften. Akteure, Netzwerke, Forschungsprogramme.* 2. Auflage. Teilband 1. Berlin/Boston 2017.

Hugo Fetting: *Die Geschichte der Deutschen Staatsoper.* Veröffentlichung der Deutschen Akademie der Künste. Berlin 1955.

Institut für Geschichte der deutschen Juden (Hrsg.): *Das jüdische Hamburg.* Göttingen 2006.

Jens Malte Fischer: *Große Stimmen. Von Enrico Caruso bis Jessye Norman.* Stuttgart 1993.

Jens Malte Fischer: „Wagner-Interpretation im Dritten Reich. Musik und Szene zwischen Politisierung und Kunstanspruch." In: *Richard Wagner im Dritten Reich.* Herausgegeben von Saul Friedländer und Jörn Rüssen. München 2000. Seite 157f.

Saul Friedländer, Jörn Rüssen: *Richard Wagner im „Dritten Reich".* München 2000.

Ingo Fulfs: *Musiktheater im Nationalsozialismus.* Marburg 1995.

Lothar Gall, Gerald D. Feldman, Harold James, Carl-Ludwig Holtfrerich, Hans E. Büschgen: *Die Deutsche Bank. 1870-1975.* München 1995.

Hans Gansser: *Deutsche Lieder. Für die Klassen 5 bis 8 der Volksschulen und die Klassen 1 bis 3 der Oberschulen.* Stuttgart 1938.

Susanna Großmann-Vendrey: *Bayreuth in der deutschen Presse.* Dokumentenband 3,2 (1908-1944). Regensburg 1983.

Herbert Haffner: *Furtwängler. Biographie.* Berlin 2003.

Brigitte Hamann: *Winifred Wagner oder Hitlers Bayreuth.* München 2002.

Boris von Haken: *Der „Reichsdramaturg". Rainer Schlösser und die Musiktheater-Politik in der NS-Zeit.* Hamburg 2007.

Hannes Heer, Jürgen Kesting, Peter Schmidt: *Verstummte Stimmen. Die Vertreibung der Juden aus der Oper.* Berlin 2006/ 2008.

Hanns-Werner Heister, Hans-Günter Klein (Hg.): *Musik und Musikpolitik im faschistischen Deutschland.* Frankfurt am Main 1984.

Sabine Henze-Döhring: *Giacomo Meyerbeer. Der Meister der Grand Opéra.* München 2014.

Gisela Huwe (Hg.): *Die Deutsche Oper Berlin.* Ludwigsburg 1984.

Heinz Ihlert: *Die Reichsmusikkammer. Ziele, Leistungen und Organisation.* Berlin 1935.

Christian Jansen: „Ernst Moritz Arndt". In: Michael Fahlbusch, Ingo Haar, Alexander Pinwinkler (Hg.): *Handbuch der völkischen Wissenschaften. Akteure, Netzwerke, Forschungsprogramme.* Unter Mitarbeit von David Hamann. Zweite Auflage. Teilband. 1. Berlin/Boston 2017.

Julius Kapp: *Geschichte der Staatsoper Berlin.* Berlin 1937.

Julius Kapp: *200 Jahre Staatsoper im Bild. Im Auftrage der Generalintendanz der Preußischen Staatstheater.* Berlin 1942.

Michael H. Kater: *The Twisted Muse. Musicians and their music in the Third Reich.* Oxford 1997.

Kurt Kayser (Hg.): „Der Landkreis Burgdorf." In: *Die deutschen Landkreise. Die Landkreise in Niedersachsen.* Band 19. Der Landkreis Burgdorf, Regierungsbezirk Lüneburg. Kreisbeschreibung nebst Kreisraumordnungsplan und Statistischem Anhang. Bremen 1961.

Matthias Kauffmann: Operette im ‚Dritten Reich'. *Musikalisches Unterhaltungstheater zwischen 1933 und 1945.* Neumünster 2017.

Hans-Günter Klein: „Musik der Oberen. Zur Komposition neuer Opern 1933-1944". In: *Musik und Musikpolitik im faschistischen Deutschland.* Herausgegeben von Hanns-Werner Heister, Hans-Günter Klein. Frankfurt am Main 1984.

Max Koch: „Richard Wagners geschichtliche völkische Sendung. Zur Fünfzigjahrfeier der Bayreuther Bühnen Festspiele". In: *Schriften zur politischen Bildung.* Herausgegeben von der Gesellschaft „Deutscher Staat". 8. Reihe. Das Erbe des deutschen Geistes. Heft 8. Breslau 1927.

Max Koch: „Richard Wagners geschichtliche völkische Sendung." In: *Pädagogisches Magazin.* Schriften zur politischen Bildung. Heft 1164. Langensalza 1927.

Danny Kringiel: „Wollt ihr den totalen Swing? Goebbels Propaganda-Orchester". In: *Der Spiegel.* 4. Juli 2016.

K.J. Kutsch und Leo Riemens: *Unvergängliche Stimmen. Sängerlexikon.* Bern und München 1974.

Karl Laux: *Nachklang. Autobiographie.* Berlin (Ost) 1977.

Fabian R. Lovisa: *Musikkritik im Nationalsozialismus. Die Rolle deutschsprachiger Musikzeitschriften 1920-1945.* Lilienthal 1993.

o.V.: „Villenkampf in Babelsberg". In: *Der Spiegel.* Ausgabe 4/1996 vom 22. Januar 1996.

o.V.: „Zwischen den Stühlen. Beitrag über das Werk von Rudolf Wagner Regeny." In: *Der Spiegel.* Ausgabe vom 30. August 1961.

o.V.: *Das jüdische Hamburg. Ein historisches Nachschlagewerk.* Herausgegeben vom Institut für die Geschichte der deutschen Juden.

o.V.: „Bei der Ufa machte man das so. Kino – Das große Traumgeschäft". In: *Der Spiegel.* Nr. 36 vom 6. September 1950. Artikelserie, in 19 Teilen der nachfolgenden Ausgaben veröffentlicht.

Natalia Nicklas: „Nationalisierung der deutschen Oper im späten Vormärz 1840-1848." In: *Beihefte zum Archiv der Musikwissenschaft,* Band 79. Diss. Stuttgart 2017.

Fred K. Prieberg: *Musik im NS-Staat.* Frankfurt am Main 1982.

Fred K. Prieberg: Handbuch Deutscher Musiker 1933-1945. Digitale Ausgabe. Kiel 2004.

Eva Rieger: *Frida Leider. Sängerin im Zwiespalt ihrer Zeit.* Hildesheim 2016.

Alfred Rosenberg: *Der Mythus des 20. Jahrhunderts. Eine Wertung der seelisch-geistigen Gestaltenkämpfe unserer Zeit.* 21.–22. Auflage. München 1934.

Wolfgang Schaller (Hg.): *Operette unterm Hakenkreuz. Zwischen hoffähiger Kunst und „Entartung“*. Beiträge einer Tagung der Staatsoper Dresden. Berlin 2007.

Jan David Schmitz: Rezension zu: Kutsch, Karl Josef; Riemens, Leo (Hrsg.): Großes Sängerlexikon. Berlin 2000, in: *H-Soz-Kult*, 17.04.2003.

Richard Strauss: *Kultur, Wirtschaft, Recht und die Zukunft des deutschen Musiklebens.* Vorträge und Reden von der ersten Arbeitstagung der Reichsmusikkammer. Berlin 1934.

Hans Sarkowicz: *Geheime Sender. Der Rundfunk im Widerstand gegen Hitler.* Audiobook. München 2016.

Götz Traxdorf: Carl Loewe: Kirchenmusiker und Komponist. Wettin-Löbejün 2019.

Walter Werbeck (Hg.): *Richard-Strauss-Handbuch.* Stuttgart 2014.

Berndt W. Wessling: *Furtwängler. Eine kritische Biographie.* Stuttgart 1985.

Berndt W. Wessling: *„Verachtet mir die Meister nicht!“ Ein Buch der Erinnerung an Rudolf Bockelmann.* Celle 1963.

***ibidem**.eu*